IMA MANAGEMENT ACCOUNTING COMPETENCY SERIES

·管理会计能力提升与企业高质量发展系列·

管理会计报告

共享平台与信息可视化

王立彦　王兴山　李憼劼◎著

人民邮电出版社

北　京

U0125961

图书在版编目（CIP）数据

管理会计报告：共享平台与信息可视化 / 王立彦，
王兴山，李憼劼著. -- 北京：人民邮电出版社，2023.8
（管理会计能力提升与企业高质量发展系列）
ISBN 978-7-115-61522-0

Ⅰ. ①管… Ⅱ. ①王… ②王… ③李… Ⅲ. ①管理会
计—研究报告 Ⅳ. ①F234.3

中国国家版本馆CIP数据核字(2023)第062579号

内 容 提 要

近年来，数字化和信息共享服务对会计界的影响日渐凸显，会计学界和业界普遍认为：管理会计报告是一个亟需专门研究的领域。伴随着数字化信息技术和管理信息系统的开发应用、改进升级，已经有一部分企业尝试设计管理会计报告，并将其运用于支持经营管控、支持管理决策中。

通过对企业实践进行调研并对理论予以总结，本书全面讨论了管理会计报告的设计与应用，分为上、下篇进行深入阐述。上篇为"管理会计报告基础"，包括管理会计环境、管理与决策的会计信息需求、管理会计报告设计等三章基础性内容；下篇为"共享服务与管理会计报告"，包括管控服务型共享服务中心、共享服务中心的管理会计信息输出、管理会计数据呈现与应用等三章实务应用性内容。

本书结合大量图、表与实战案例，具备实务意义，适合企业管理者、财务管理者、会计工作者和相关读者学习使用。

◆ 著　　　　王立彦　王兴山　李憼劼
　　责任编辑　刘　姿
　　责任印制　周昇亮

◆ 人民邮电出版社出版发行　　北京市丰台区成寿寺路 11 号
　　邮编　100164　电子邮件　315@ptpress.com.cn
　　网址　https://www.ptpress.com.cn
　　北京天宇星印刷厂印刷

◆ 开本：700×1000　1/16
　　印张：18.25　　　　　　　　　　2023 年 8 月第 1 版
　　字数：262 千字　　　　　　　　2023 年 8 月北京第 1 次印刷

定价：99.80 元

读者服务热线：**(010)81055296**　印装质量热线：**(010)81055316**
反盗版热线：**(010)81055315**
广告经营许可证：京东市监广登字 20170147 号

管理会计能力提升与企业高质量发展系列图书
编委会

丛书总主编

王立彦 李刚

编委（按姓氏音序排列）

陈虎　陈晓敏　邓莹　龚莉　郭奕　胡玉明　黄怡琴　李留闯　李憼劼

李宪琛　齐建民　沙秀娟　宋环环　孙彦丛　田高良　田雪峰　王满

王兴山　张晓涛　赵成立　赵旖旎　周一虹

实务界编委（按姓氏音序排列）

邓国攀　刘庆华　路遥　王逸　徐昊　杨继红　于滟　祝箐

序

▼
▼

　　管理会计师对企业的财务健康至关重要，他们不仅是价值的守护者，更是价值的创造者。随着可持续发展日益受到重视，企业从关注利润增长转向关注多个利益相关者利益的提升，管理会计师在维护和提升企业声誉方面承担着重任。与此同时，在数字化时代，企业在战略规划、创新和风险管理等领域也对管理会计提出了更高的要求。提升管理会计师的能力素质已成为企业发展的重中之重。

　　《IMA 管理会计能力素质框架》是 IMA 管理会计师协会基于市场和行业趋势变化，经过深入研究和全面分析管理会计行业所面临的挑战，围绕管理会计师所必备的能力素质提出的指导性实用体系，不仅有助于个人提升职业竞争力，还能帮助组织全面评估、培养和管理财会人员队伍。IMA此次与人民邮电出版社合作，正是基于这一框架开发了管理会计能力提升与企业高质量发展系列图书，该系列图书结合中国本土实践，对数字化时代下管理会计师所需的知识与技能进行了详细讲解。各类企业，不论是国有企业、私营企业还是跨国企业，其管理者和财会人员都能从本系列图书中直接获益。

　　本系列图书的作者既包括国内深耕管理会计多年的高校财会专业教授，又包括实战经验丰富的企业财务负责人与机构精英。同时，IMA 还诚邀多位知名企业财务高管担任实务界编委，为图书策划和写作提供真知灼

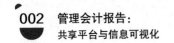

见。在此，我谨代表 IMA 管理会计师协会，向本系列图书的作者、实务界编委、人民邮电出版社以及 IMA 项目团队的成员表示感谢！我们希望通过本系列图书的出版及相关宣传活动，大力推动中国本土管理会计实践的发展，助力中国经济高质量发展！

IMA 管理会计师协会总裁兼首席执行官

杰弗里·汤姆森

2022 年 3 月 28 日

丛书序

在学习和实践中提升管理会计能力

中国管理会计理论和实践自 2014 年以来进入快速发展时期，各种管理会计工具与方法在微观层面（企事业单位）的应用正在日益加速、拓宽和深入，在企业转型升级、全社会高质量发展进程中发挥着重要作用。

当今社会信息技术迅猛发展，会计职业在互联网、大数据、人工智能等新技术业态的推动和加持下，在信息采集、核算循环、数据存储、整合表达等方面持续发生变革，为管理会计在企业广泛运用和助力企业价值增长，奠定了更坚实的算力基础，提供了更有效的管理和决策支持。

随着《财政部关于全面推进管理会计体系建设的指导意见》以及《管理会计应用指引》等一系列规范指南的陆续出台，管理会计人才培养体系的建设和管理会计的应用推广受到了各界高度重视。从目前中国管理会计发展情况来看，管理会计师作为会计领域的中高端人才，在企事业单位仍存在着巨大缺口，庞大的财务和会计人员队伍，面临着关键职能转型压力——从核算型会计转向管理型会计。

IMA 管理会计师协会于 2016 年发布的《IMA 管理会计能力素质框架》，在管理会计领域广受认可、广为好评，被视为权威、科学、完整的技能评估、职业发展和人才管理标准，它为中国及其他国家管理会计能力培养体系的构建提供了重要参考。该框架文件在 2019 年进行了更新升级。

为加快促进中国管理会计体系建设，加强管理会计国际交流与合作，实现取长补短、融会贯通，IMA 与人民邮电出版社共同策划、启动了管理会计能力提升与企业高质量发展系列图书项目。该系列图书设计以《IMA 管理会计能力素质框架》为基础，结合中国管理会计实际发展需求，以管理会计队伍能力提升为目标，以企业管理需求为导向，同时兼顾会计专业教育和研究。

该系列图书分为两期建设。第一期八本，选题内容涉及管理会计从业人员工作中需要的各项能力，力求理论与实务兼备，既包含实务工作中常见问题的解决方法，也包含经典的理论知识阐述，可帮助管理会计从业人员学习和完善自身各项能力，也能为积极进行转型的财务人员提供科学的路径。

该系列图书在作者配置方面，体现了学术界和实务界的合作，他们均在管理会计领域深耕多年，既有理论知识深厚、指导体系完备的高校资深导师，又有紧贴一线前沿、实战经验丰富的企事业单位负责人，这些专家合力打造了体系完整、贴近实务的管理会计能力提升新形态知识图书，以期推动企业管理会计人才建设及人才培养，促进企业提质增效。

作为新形态管理会计专业读物，该系列图书具备以下三大特点。

第一，理论与实务兼备。该系列图书将经典的管理会计理论与企业财务管理、经营发展相结合，内容均从实践中来再回归到实践中去，力求使读者通过阅读该系列图书对自身工作有所得、有所悟，从而提升自身工作实践水平。

第二，体系完备。该系列图书均提炼自《IMA 管理会计能力素质框架》，每本图书的内容都对应着专项管理会计必备能力，读者可以体系化地学习管理会计各项知识、培养各项能力，科学地实现自我提升。

第三，形态新颖。该系列图书中大部分内容都配有微视频课程，这些课程均由作者精心制作，可让读者有立体化的阅读体验，更好地理解图书中的重难点内容。

天下之事，虑之贵详，行之贵力。管理会计具有极强的管理实践性，既要求广大财务人员学习掌握理论知识，又要求其积极转变传统财务思维，将理论运用于实践，进一步推动财务与业务融合，更好地助力企业高质量、可持续发展。该系列图书不仅集结了一系列优质、有影响力的内容，而且为会计行业的发展及人才培养提供了智力支持和战略助力。我们希望与广大读者共同努力，系统、全面地构建符合中国本土特色的管理会计知识体系，大力促进中国管理会计行业发展，为企业高质量发展和中国经济转型做出积极贡献。

北京大学光华管理学院教授 王立彦

IMA 管理会计师协会副总裁、IMA 中国区首席代表 李刚

2022 年春于北京

管理会计报告与决策支持

【场景问题】

某上市公司，某次董事会茶歇期间。

一位董事向担任审计委员会主任的会计专家提问："听您讲，会计分为财务会计和管理会计两大分支，咱们董事会每年都讨论和审核财务报告，包含许多张财务报表，怎么从来没见到管理会计报告呢？"

在场的公司首席财务官（CFO）主动应答："早年间我在大学读书时，财务会计类课程很多、很细，有初级、中级、高级，还有报表和经济活动分析，课程涉及各种会计准则，最后也都会落到财务报告上。管理会计方面的课程，有成本会计、管理会计、经济活动分析等，最后都没有结束到特定的管理报告上。那时老师讲课、同学学习，都没有涉及管理会计报告。从学校毕业到企业工作以后，越来越感到，实务工作中哪里有什么财务会计、管理会计之分，财务部的工作整天忙忙碌碌，基本上都是围绕财务报表。要说管理会计，可能只有预算管理算得上。"

审计委员会主任补充说："多年来在会计专业界的规范、会计教育界的课本课堂，很少专门言及管理会计报告。以管理会计教科书来说，中文、英文各种版本，我读过很多，的确都没有包含专门的管理会计报告章节。"

管理会计报告在管理会计领域属于新生事物。随着管理会计越来越被重视，管理界和学术界都注意到管理会计的一个明显的关键短板：管理会计体系中缺少满足决策需求的、成体系的信息产品。

管理会计报告的核心功能在于支持管理决策。在企业经营管理实践中，设计怎样的管理会计报告体系、管理会计信息体系怎样支持企业运营和管理决策，需要讨论的话题很多。

管理会计报告属于内部报告

财政部 2017 年 9 月开始，陆续制定颁布第一批 22 项管理会计应用指引，其中有《管理会计应用指引第 801 号——企业管理会计报告》。财政部 2010 年 4 月发布的《企业内部控制应用指引第 17 号——内部信息传递》，内容也涉及管理会计报告。

会计以记录原始会计信息、加工会计信息产品为己任。会计信息产品之对外财务报表和报告，编制中遵循会计准则，主要服务于外部投资人等信息用户；会计信息产品之对内报表和报告，主要服务于内部董事会和各级管理层，编制中无须按照统一会计准则。

管理会计报告是指企业运用管理会计方法，根据财务和业务的基础信息加工整理形成的，满足企业价值管理和决策支持需要的内部报告，为企业各层级进行规划、决策、控制和评价等管理活动提供有用信息。对管理会计信息有需求的各个层级、各个环节的管理者，企业可根据管理的需要和管理会计活动的性质设定报告期间。

管理会计报告按照内容，可分为综合管理会计报告和专项管理会计报告；按照使用者所处的管理层级，可分为战略层管理会计报告、经营层管理会计报告、业务层管理会计报告；按照管理会计功能，可分为管理规划报告、管理决策报告、管理控制报告和管理评价报告；按照责任中心，可分为投资中心报告、利润中心报告和成本中心报告；按照报告主体整体性程度，可分为整体报告和分部报告。

管理会计报告由信息归集、处理并报送的责任部门编制。企业应定期根据管理会计报告使用效果以及内外部环境变化对管理会计报告体系、内容以及编制、审批、报送、使用等进行优化。

内部信息传递是企业内部各管理层级之间通过内部报告形式传递生产经营管理信息的过程。企业应当根据发展战略、风险控制和业绩考核要求，科学规范不同级次内部报告的指标体系，采用经营快报等多种形式，全面反映与企业生产经营管理相关的各种内外部信息。

内部报告指标体系的设计，应当与全面预算管理相结合，并随着环境和业务的变化不断进行修订和完善。设计内部报告指标体系时，应当关注企业成本费用预算的执行情况。企业应当制定严密的内部报告流程，充分利用信息技术，强化内部报告信息集成和共享，将内部报告纳入企业统一信息平台，构建科学的内部报告网络体系。

企业各级管理人员应当充分利用内部报告管理和指导企业的生产经营活动，及时反映全面预算执行情况，协调企业内部相关部门和各单位的运营进度，严格绩效考核和责任追究，确保企业实现发展目标。

管理实践中不存在"财务会计""管理会计"之分

管理会计在院校，表现为一门课、一本教科书，或者进一步分解为更细的几门课、几本教科书。管理会计在实践中，CFO 的职责包含两类行为：第一，实施财务管理；第二，加工和报告管理会计信息，提供管理会计报告。

一直以来，基于会计信息服务对象，会计被分为两大部分：对外报告会计，被业界冠以"财务会计"之名；对内报告会计，业界称之为"管理会计"。

所谓"财务会计""管理会计"之分，原本只是教育界学者为方便教学和梳理教科书体系而进行的分类。事实上，会计教科书中并没有清楚地界定管理会计（如同界定财务会计那样）。譬如对于"管理会计 = 管理 +

会计"，还是"管理会计＝会计＋管理"，抑或是"管理会计＝管理问题的货币化"，会计教科书中普遍没有给出解释。

放眼全球，管理实践中很少有企业或非营利组织，在设置内部会计机构时分设"财务会计""管理会计"。因为实践是依据统一的会计核算基础数据，加工衍生出服务于外部信息使用者的"财务会计报告"和服务于内部管理用途的"管理会计报告"的。因此，管理会计的"复兴"，不应当只是着眼于"管理"，而应当回归"会计"。当然，鉴于当前的会计体系已经有财务会计和管理会计之分，我们权且依照惯例，将主要服务于管理者的对内报告会计称为管理会计。

· 仔细剖析，现实社会中企事业单位的管理会计实务，都可以分解为两个部分：一是管理行为，即资金筹措与运用、资产管理活动；二是为企业管理者提供信息产品。

· 广义管理会计＝财务管理行为＋会计报告信息。其中：会计报告信息＝财务会计报告－外部会计报告＋内部会计报告。

· 管理会计在现实中不重要，原因就在于其缺少独立信息产品（有产品，才可能有产品标准、质量鉴证、胜任能力架构，才说得上是专业）。

· 管理会计信息产品必须基于会计，又不限于会计，从而区别于财务报表／报告，也区别于各种管理报告（产、销、质量、客户、产业链……）。

· 财务部门单靠自己，生产不出合格的管理会计信息产品，财务部门必须与业务部门合作，仰仗信息技术，依托共享服务中心。

管理会计的主要短板：缺少信息产品

管理会计在实践中的困境，很大程度上是由于管理会计信息产品缺位。会计以生产信息产品为己任。会计生产的信息产品表现为"含货币化

数据的报表 + 解释数据或延伸数据的文字报告"。

以会计信息产出观念看，财务会计的产品非常明确，即以资产负债表、利润表、现金流量表等主要财务报表为核心的财务报告（月报、季报、半年报、年报）。针对明确的财务会计产品，自然提出一系列专业需求：产品标准（会计准则）需求、质量标准检验（独立审计）需求以及对生产者（会计人员）的胜任能力和职业操守要求。由于对外报告会计存在法律、通用专业规则以及监管部门监督，企业内部及外部社会有关各方都不得不认真对待。

而管理会计居于财务会计、财务管理之间，其现实状况是，在企业管理中的应用程度不一、弹性无限、可有可无。究其原因，最根本的一点是：管理会计一直以来就没有自己明确的线索、组成，没有系统化的体系结构，更没有自己独特的信息产品。

譬如，分步 / 分批成本、标准成本、作业成本、目标成本、量本利分析等，听起来属于管理会计，但并非专属于管理会计。再譬如，对实际成本的计量，作为利润计算的前提条件，已经属于基础财务会计信息的一部分。至于经营预算、资本预算、管理控制、绩效评价、平衡计分卡，这些管理性、控制性措施的筹划和实施，并不具备会计属性，在管理实践中的"发动引擎"，也非由 CFO/ 总会计师完全掌控。

会计信息产品体系如图 1 所示。

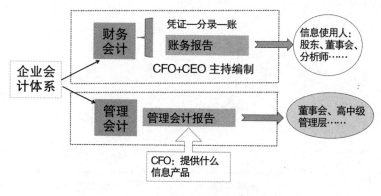

图 1　会计信息产品体系

既然管理会计没有自己的核心信息产品，也就谈不上信息产品体系，谈不上进一步的产品标准、质量标准以及品质检验。管理会计在实践中之所以可有可无，就是因为它没有独特的信息产品，难以为董事会和首席执行官（CEO）的决策需求提供有效支持。因此，管理会计难以得到管理者重视，也就难以获得发展。

众所周知，财务会计有一整套国别和国际标准（会计准则），并且进一步要求配套合理的审计规则，以及胜任的会计师、审计师。人们设计了很多规则对财务会计加以规范。相比较而言，管理会计规范是模糊的。这恰恰表明了管理会计需要尽快出台指引以进行规范的迫切性。

放眼国际，世界已经在变化。美国注册会计师协会（AICPA）和英国皇家特许管理会计师公会（CIMA）于 2012 年正式设立一个新头衔——全球特许管理会计师（CGMA），并于 2014 年年初提出全球管理会计准则。我国也于 2014 年发布《财政部关于全面推进管理会计体系建设的指导意见》，并出台《管理会计应用指引第 801 号——企业管理会计报告》。这体现了管理会计体系建设得到政府主管部门重视。

但是面对机遇，管理会计在中国能否真正获得实质性大发展，更取决于管理会计自身。正所谓外因是变化的条件，内因是变化的根本。会计界必须深刻反思，为什么管理会计多年来不温不火，以得到更为系统的认识，寻求更为有效的出路。管理会计信息产品体系如图 2 所示。

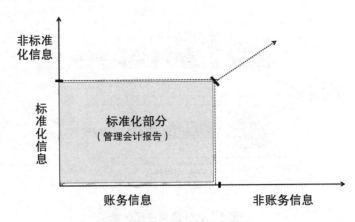

图 2 管理会计信息产品体系

管理会计报告：内涵与体系

推进管理会计发展需要在绩效管理、成本管理、全面预算管理及管理会计报告这四大方面着力，前三者在理论和实务上都取得了相当的成绩。但是在管理会计报告方面，研究和应用都较为薄弱，明显落后许多。管理会计报告问题可以被看成一个"牛鼻子"问题。如何从战略的高度探索企业决策支持信息的完美方案，是中国企业打破管理会计应用瓶颈的关键环节。

管理会计报告作为管理会计信息的直接载体，是对企业管理会计信息最真实、最综合的反映，但现阶段理论与实务界对管理会计报告的概念、内涵、要素、维度、体系等基本问题尚未形成统一认识。另外，伴随信息技术的高速发展和广泛运用，管理会计人员和管理会计工作正面临新技术带来的前所未有的影响和挑战。在新技术影响下，管理会计报告的应用和创新需要我们从整体上认识信息技术如何影响管理会计报告，了解管理会计报告中的技术探索与实践，从分布式账本、数据仓库、云 ERP 等具体业务技术层面洞悉新技术是如何助推管理会计发展的，以及未来的管理会计报告又将发生怎样的变化。

管理会计报告设计：标准化与个性化、信息相关性

在管理会计领域，管理会计报告是新生事物。中外教科书几乎不涉及管理会计报告，管理实践研讨中也很少公开讨论管理会计报告。

管理会计报告的内容，根本上属于"会计信息"，以货币化信息为主、非货币化信息为辅。就是说，管理会计信息产品必须基于会计，但又不限于会计，从而区别于财务报告，也区别于各种专项管理报告（产、供、销、质量、客户、供应链、产业链……）。

在企业管理实践中，设计怎样的管理会计报告体系，管理会计信息怎样支持企业运营和管理决策，有待进一步讨论的话题很多。

企业会计体系包括对外报告的财务会计和对内报告的管理会计，形成

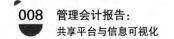
会计信息产品体系。

（1）标准化与个性化。管理会计报告需要为企业内部管理服务，所以既包含标准化的财务信息，也包含非标准化的非财务信息。

长期以来管理会计的重要性没有得到彰显，主要原因之一就在于，缺少独立的、特有的信息产品。要知道，有产品才可能有产品标准、产品质量鉴证、生产者胜任能力架构等一系列专业配套要求。

（2）信息相关性。管理会计报告的信息相关性，表现在支持企业运营和管理决策。这样看，设计管理会计报告应当以信息需求为导向。董事会、各级管理层是管理会计信息的主要需求者，其需要管理会计报告能够揭示企业的全要素效率、功效，企业成长发展的动力，具体包括：全要素生产率（成本性态、资源占用、要素消耗、资源效率／效果评价）、节能减排、环境成本、研究开发等。

共享服务平台（SSP）[①]

管理会计报告的生成，需要大量财务和业务信息，合理设计是前提。即使合理设计，但手工出具报告费时费力，且数据的真实性难免受到质疑。仅依靠财务部门，生产不出合格的管理会计信息产品。

财务部门必须与业务部门合作，应用信息技术，依托共享服务平台，通过数据中台的底层架构，打通业务、财务分析链路，融合各前端系统的数据资源，实现业务、财务一体化的多维经营报告。

提供支持管理和决策所需的信息产品，是共享服务平台的主要职能之一。共享服务平台的输入、输出过程如图 3 所示。数据信息的根本价值在于支持管理和决策。这一点，在对内报告和对外报告方面并无区别。在会计界，分析财务报告支持投资决策早已成为共识，而支持战术

---

① 共享服务平台（Shared Service Platform），也表达为共享服务中心（Shared Service Center）。

管理决策、战略管理决策的对内会计报告，即管理会计报告，有待建立完整体系。

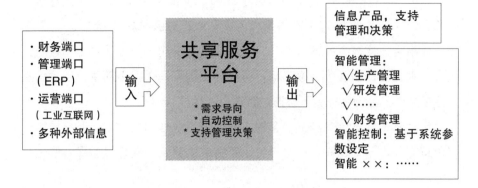

图3　共享服务平台的输入、输出过程

管理会计信息产品设计：内部报告体系

落实《财政部关于全面推进管理会计体系建设的指导意见》是管理会计发展的新契机。建设中国的管理会计体系可以有两种逻辑：一是全面综合体系；二是问题导向体系。

第一种逻辑的优点在于综合且全面的设计，方便宏观管理；缺点也明显，即面面俱到，不容易形成共识。第二种逻辑是着眼于现实，先提出一系列管理会计问题，按重要程度和轻重缓急分类，分阶段解决，最后形成完整体系。第二种逻辑的优点是重点突出、联系实践，缺点是开始阶段的体系性不够强。鉴于管理会计体系不是为建设而建设，目的是运用并提高和改进组织的管理质量、提高组织的营运效率和效益，所以本书倾向于第二种逻辑。

着眼现实，当前要找到管理会计的突破口，就是要先研究解决管理会计信息产品体系设计问题。只有先设计确定管理会计的信息产品，进而梳理清楚管理会计的线索、内涵、外延，才能为管理会计的发展奠定基础、提供动力。

尽管管理会计不比财务会计那样有清晰的信息产品，但是同样可以设计管理会计的信息产品，体现为内部报告体系。

欧美管理会计界有句名言：You get what you measure（你测度什么，就得到什么）。这里的关键词是"测度"，管理会计提交给CEO、管理层、董事会、监事会的信息产品，应该是以基于测度的会计数据和报表为基础的管理会计报告（注意，与财务会计报表不同），否则所提供的信息产品就失去了会计特征，不必通过管理会计生成。

设计管理会计信息产品，会计主管部门不应当闭门造车，而应持需求导向理念，广泛征询和听取管理者、所有者的建议。共享服务平台的信息链如图4所示。

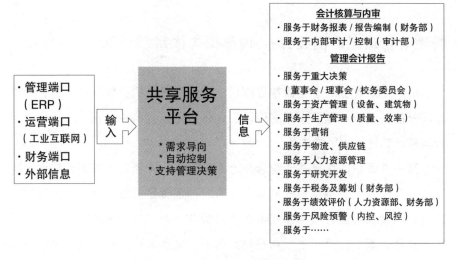

图4　共享服务平台的信息链

设计管理会计信息产品体系，应该包含以下四个要点。

第一，明确产品需求导向。管理会计信息产品的需求者，首先是微观层面的，即组织的内部管理者、董事会、监事会。但是，由于我国大中型企业和非营利机构以国有控股、控制为主，因此管理会计信息产品的需求者还应包括宏观层面的，即产业管理部门。

第二，管理会计信息产品应该以货币化数据信息为主，同时包含具有关联性的、非财务性的营运数据信息。

第三，管理会计信息产品应该尽可能表格化。以表格化产品为基础，才有可能逐渐实现标准化、计算机化、数据库化。

第四，设计管理会计信息产品体系必须考虑管理者信息需求的多层次性。要明确管理者的决策需求，譬如微观管理方面的成本习性、决策替代方案比较、资源投入产出分析、责任中心绩效评价等，宏观管理方面的资源消耗、环境成本等。

总之，要设计管理会计信息产品，用以助力管理决策和企业战略，首先必须了解高层决策者（董事会）、管理者（副总裁、经理）对会计信息的决策需求。显然，以 CFO 为首的企业会计团队在完成以会计准则、一般公认会计原则为基础的财务报告的同时，还要特别关注非一般公认会计原则财务信息，以及企业运营中的非结构化海量非财务大数据，加以数据结构化处理，生成具有高度相关性的有用信息。这里的关键在于"数据结构化"，怎样的结构、哪些维度的结构，这属于管理会计研究的重要任务。

＜ 案例分析 ＞

主题：环境成本报告设计思路

我国管理会计体系的建设应遵循立足现实、问题导向的原则和思路，从设计挖掘信息产品入手，逐步构建一个务实高效的管理会计体系。以环境成本核算规范为例，说明基于可扩展商业报告语言（XBRL）的"环境成本数据流"的构建，为管理会计规范体系的建设提供参考。

现行国民经济核算方法体系的核心指标为国内生产总值（GDP），但直接从宏观经济核算入手纠正 GDP 偏差，已经被证明难以行得通。这是因为，改进 GDP 核算不仅仅需要概念，还需要具体的路径方法和可靠数据。纠正 GDP 核算偏差的关键，就在于能在微观层面（管理会计）中对环境成本加以测度和计量。

从微观层面界定 GDP 无效性的基础是"环境成本"。如果以环境成本为核心建立"环境成本数据流会计系统"作为生态补偿的依据，就能循序渐进地汇总测算出"无效 GDP 价值量"，进而得出已经考虑生态价值补偿的国民经济产出价值。对此，会计实务中的重点一方面是基于管理价值立场，解析和界定环境成本；另一方面是会计手段升级，依靠信息技术将其植入 XBRL-ERP 系统。

开展以建立"环境成本核算规范"为目的的专业性研究，信息产品的基本组成部分及设计逻辑如下。

（1）信息产品：环境成本项目（指标）、环境成本表。

（2）理论体系：可持续发展与 GDP 有效性、环境成本（从外部化到内部化）、生态补偿的价值基础、XBRL-ERP 系统。

（3）指引体系：环境成本界定、环境成本计量与解析、XBRL 信息单元、生态补偿计算体系、GDP 价值有效性解析。

（4）信息化建设：ERP-XBRL（面向企业内部的管理价值）、环境成本数据流（基于"环境成本表"的数据体系）。

（5）人才培养与咨询服务市场建设：建立以环境成本为轴心的环境会计理论，帮助企业以及所有微观会计主体设计"环境成本表"。

以下为环境成本会计核算主要项目及表格。

（一）关于"环境成本"

● 对于特定企业而言，其所发生的环境成本如下。

· 内部环境成本：企业自己承担、消化。

· 外部环境成本：强加给外部社会。

● 第一阶段，环境成本核算以企业"内部环境成本"为主；第二阶段及以后，关注"外部环境成本"，以宏观"绿色 GDP"视角解决。

● 对于企业内部环境成本，做以下双重分类。

· 着眼于成本动因：合规性支出、自愿性支出。

· 着眼于成本功效：预防性支出、消除当期环境影响支出、事后治理支出。

（二）环境视角与会计视角结合的现实可行性

● 对于企业环境成本的确认、计量、记录与报告，应在现行会计系统的运行过程中实现，符合现行会计原则和信息系统。

● 将各项环境成本费用，从现行会计核算资料中选出，用图、表工具加以列示。

（三）成果：形成关于企业环境成本核算第一阶段研究报告、可行性政策建议

● 对于企业家：内部管理意义、启示。

● 可行性政策建议应包括以下内容。

· 执行环境成本会计，单靠企业的自觉性是不可持续的，应该采取法律和政策手段来约束、规范、鼓励企业的绿色环保行为。

· 向财税部门建议，对自觉节能减排的企业，实行税前合理列支、治污成本分期摊销。

· 对自觉节能减排的企业，在财税上支持，如采取所得税减免优惠。

· 探究环境成本融入现行财务报表的方法，寻求财务软件上的接口。

· 探究如何在现行会计准则中体现环境成本，对现行的会计准则和制度提出初步修订建议。

（四）主要调查项目及调查表

● 生产成本、销售费用、财务费用、管理费用、其他业务支出、营业外支出、环境损失。七个项目都来自企业会计制度和账表项目，数据来源有保证。设计专项表格（一个总表，见表1；七个分表，其中环境投资与排放权交易调查表见表2），填写数据时，需要财务与环保人员配合或一同辨析、确认。

表 1　环境成本总表

环境成本项目	合规性支出			自愿性支出		
	预 防	当期环境影响消除	事后治理	预 防	当期环境影响消除	事后治理
生产成本中的环境成本						
销售费用中的环境成本						
财务费用中的环境成本						
管理费用中的环境成本						
其他业务支出中的环境成本						
营业外支出中的环境成本						
环境损失						
总 计						

表 2　环境投资与排放权交易调查表

环境成本项目	合规性支出			自愿性支出		
	预 防	当期环境影响消除	事后治理	预 防	当期环境影响消除	事后治理
与环境有关的投资 ——研究与开发投入 ——培训投入 ——固定资产投入 ——其他与环境有关的投入						
排放权购买支出（出售收入）						
总 计						

（五）外部环境成本调查表

对于各种企业未承担相应预防或消除补偿责任的污染物排放，可以以实物计量单位计量，参见表 3。

表3　外部环境成本调查表

	计量单位	排放量	单位价值	总价值
1.二氧化碳				
2.二氧化硫				
3.粉尘				
4.噪声				
5.余热				
6.污水				
7.碳排放				

＜问题讨论＞

（1）各种外部环境成本，例如对所在地生态状况的影响、对周围社区居民的健康与财产造成的影响等，显然难以在表格里表达，那么如何在表格之外以文字的形式加以叙述？

（2）外部成本的种类繁多，且在企业间差异甚大，怎样将其条理化？

上篇 | 管理会计报告基础

1 第1章
管理会计环境

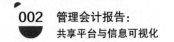
2 第 2 章
管理与决策的会计信息需求

3 第 3 章
管理会计报告设计

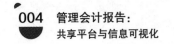
下篇 ｜ 共享服务与管理会计报告

4 第 4 章

管控服务型共享服务中心

5 第5章
共享服务中心的管理会计信息输出

6 第6章
管理会计数据呈现与应用

（本书"后记"处更有"管理会计报告附录"的文字内容与
微视频课程供您学习参考。）

管理会计报告基础

上篇 ≫

1

管理会计环境

扫码即可观看
本章微视频课程

▶▶ 从一个案例讲起

海尔集团（以下简称"海尔"）近年来倡导和开展"人单合一"管理模式，根据"共赢"理念，实行"共创、共享"的管理理念创新，应用探索"共赢增值表"。

海尔正在由以企业为中心转向以用户为中心，由传统的科层式企业转型成开放式创业平台，将单边市场的交易转变成多边的物联网生态平台的共创。对此，传统财务报表无法核算和展现小微企业创业、转型的关键表外指标，如用户数、利益攸关方数量、各攸关方的价值分享等。为承接集团物联网生态模式转型的战略目标，海尔建立了衡量物联网生态价值的共赢增值表体系。

海尔共赢增值表以"以用户为中心"为理念，是海尔"人单合一"双赢模式的具体实现路径和检验标准，是海尔转型为平台化的共创共赢生态圈的主要驱动工具。共赢增值表结合了财务和非财务业务数据，旨在从用户资源、资源方、生态平台价值总量、收入、成本和边际效益六个方面评价各小微企业部门。

共赢增值表规避了传统利润表只能事后算账的缺点，以"事前算赢"赋能小微企业生态转型，能够有效驱动小微企业将用户从产品购买者加速转化为用户资源，并持续驱动小微企业生态从边际效益递减的同质化竞争泥潭进入边际效益递增的自演进生态。共赢增值表适用于希望从传统销售模式（一次性销售交易）转换为用户零售模式的公司，其中用户通过开放的共享平台（包括其他提供商提供的服务）成为服务的持续用户。在组织上，共赢增值表适用于那些希望创造更具创新性的文化并为员工创业提供孵化器环境的公司。

管理会计与财务会计

会计是商业语言

经济越发展，会计越重要。会计作为通用的商业语言，在企业经营管理中发挥着不可替代的重要作用。财务报表是会计信息的载体，世界上第一张资产负债表诞生于 1531 年，由德国纽伦堡商人约翰·戈特利布在其所著的《简明德国簿记》中记载。当时的组织形式单一，资产负债表也缺乏统一的格式。伴随着公司制的兴起，经历了 300 多年的发展，财务报表的标准化需求日益提升。1844 年，英国《公司法》的颁布标志着标准的资产负债表产生，明确了资产负债表的格式，这种标准的资产负债表在全世界范围内得到广泛应用，也为当今的财务报告格式提供了最初的模式，后续 100 多年的财务报告标准格式逐步演化为当下的财务报告。标准格式的财务报表很容易被使用者接受和解读，使得会计日益成为一种跨组织通用的商业语言。

标准化的财务报告提升了不同组织之间经营成果的可比性，有利于报告使用者做出合理决策。在企业会计准则全球趋同的背景下，企业的会计核算已渐进统一且透明，财务报告的差异越来越体现在基于管理的财务报告方面。我国于 2014 年发布《财政部关于全面推进管理会计体系建设的指导意见》，随后陆续发布《管理会计基本指引》和《管理会计应用指引》系列文件，用于指导企业的管理会计体系建设，其中《管理会计应用指引第 801 号——企业管理会计报告》明确要求企业管理会计报告需要满足企业的价值管理和决策支持需求。然而,限于会计人员能力、工作环境等因素,实务中企业管理会计报告质量参差不齐,还不能全面满足企业管理者的需要。本书基于企业实践和相关理论研究,试图建立一个简便易行的企业管理会计报告框架,以提升会计报告的决策相关性和标准化,用于指导实务。

管理会计与财务会计之间的差异

管理会计与财务会计是会计的两大分支,目前管理会计与财务会计表现出分化与融合的辩证统一关系。长期以来,正是"财务会计对外、管理会计对内"观念的制约,使得人们对财务会计、管理会计的目标定位也局限于外部和内部。事实上,无论从逻辑层次还是从内容来看,二者都是会计管理系统的重要组成部分。管理会计是财务会计反映、监督等基本会计职能的延伸,二者都是为维护各利益相关者的权益、提高单位效益(包括经济效益和社会效益)这一会计根本目标服务的。从本质上说,财务会计与管理会计自始至终"你中有我,我中有你,相辅相成"。[①]但二者在服务对象、内容范围、工作重点、方法步骤、信息质量要求以及对人员素质要求等方面存在较为明显的区别。管理会计与财务会计的区别如表 1-1 所示。

表 1-1　管理会计与财务会计的区别

项目	管理会计	财务会计
服务对象	为企业内部各级管理人员提供经营和最优化决策的各种管理信息	为企业内外部利益相关者提供最基本的财务信息
内容范围	涵盖企业的管理决策、设计规划与绩效管理系统,管理会计师可利用其在财务报告与控制方面的专业知识,帮助管理者制定及实施组织战略	聚焦于企业对外财务报告的确认、计量、记录、编制和列报等方面,与企业战略关联度不高

① 　资料来源:2012 年《会计研究》的"财务会计与管理会计融合的理论基础"一文,本文章作者为徐玉德。

续表

项目	管理会计	财务会计
工作重点	经营管理型会计	报账型会计
约束依据	不受会计准则和会计制度约束	必须受会计准则和会计制度约束
时间跨度	具有时间弹性	缺乏时间弹性
会计主体	各责任单位	整个企业
会计程序	无固定格式	有固定格式
会计方法	灵活多样	较为规范
行为影响	较为重视行为科学对人的行为的影响	不太重视行为科学对人的行为的影响
数据精确程度	只需得到近似值	力求准确
信息特征	灵活提供不公开的、不具有法律责任的管理信息，较少强调信息的可证实性，强调货币性信息与非货币性信息、数量信息与质量信息并重，并与决策者的综合判断结合	全面提供公开、具有法律责任的会计信息，注重信息的可证实性和货币性信息
服务方向	主要面对未来	主要面对过去
学科交叉	综合性交叉学科，涉及管理学、组织行为学、行为科学等	单纯的会计学分支
体系完善程度	缺乏统一性和规范化，处于发展过程中	已经形成通用的规范和统一的会计模式，体系相对成熟和稳定
对会计人员的素质要求	要求有复合型高级会计人才主导	操作能力强、工作细致的专业人才

没有规矩不成方圆：
常见的管理会计规范指南

IMA Statements（IMA 管理会计公告）

IMA 的前身，美国成本会计师协会在 1969 年成立了管理会计实务委员会（MAP），其首批任务即建立管理会计体系，包括五个方面内容：目标、术语、概念、实务和方法、会计活动等。从 1980 年起，管理会计实务委员会发布了一系列《管理会计公告》，发布这些公告的目的是为企业管理会计实务提供指导性原则和建立管理会计体系。

2015 年以前 IMA 陆续发布了 34 个管理会计公告，共 22 方面的内容（部分内容涉及 2~3 个公告），如表 1-2 所示。

表 1-2　2015 年以前 IMA 发布的管理会计公告

分类		具体公告	发布时间（年）	整理结果
第 1 辑	定义	管理会计定义	1981	定义
	领导力、战略与道德规范	价值观与道德规范：从确立到实践	2008	职业道德
		职业道德行为准则	2005	
		管理跨职能团队	1994	跨职能团队
		竞争情报管理：发展全面竞争情报	1996	竞争情报
	科技支持	理解并实施互联网电子商务	2000	互联网环境
第 2 辑	战略成本管理	实施作业成本核算	2006	作业成本管理

续表

分类		具体公告	发布时间（年）	整理结果
第 2 辑	战略成本管理	实施作业成本核算／作业成本管理的工具和技术	1998	作业成本管理
		计量生产能力成本	1996	生产能力成本管理
		实施生产能力成本管理系统	2000	
		实施目标成本管理的工具和技术	1998	目标成本管理
		实施目标成本管理	1999	
		约束理论：管理系统的基础	1999	管理信息系统
		设计集成式成本管理系统：创造利润、提高绩效	2000	绩效管理
第 3 辑	公司绩效管理	精益企业基础	2006	精益企业管理
		责任的发展演变：会计师的可持续发展报告	2008	可持续发展
		管理全球供应链的总成本	2008	供应链成本管理
		实施集成式供应链管理：打造核心竞争优势	1999	
		实施集成式供应链管理的工具和技术	1999	
		有效的标杆管理	1995	标杆管理
		实施公司环境战略	1995	环境会计
		环境会计的工具和技术：服务企业决策	1996	
		股东价值创造：计量与管理	1997	股东价值创造
		实施流程管理：改进产品和服务	2000	流程再造
		实施自动化工作流管理	2000	
		价值链分析：评估竞争优势	1996	价值链分析
		管理质量改进	1993	质量管理
第 4 辑	企业风险与控制	企业风险管理：框架、要素及整合	2006	风险管理
		企业风险管理：有效实施的工具和技术	2007	

续表

分类		具体公告	发布时间（年）	整理结果
第4辑	管理会计实务	直接材料成本的定义与计量	1986	传统成本管理
		工作点成本的会计分类	1997	
		财务职能再设计	1997	财务职能再设计与共享服务
		财务职能再设计的工具和技术	1999	
		建立共享服务中心	2000	

2015年以后IMA的管理会计公告呈现以下特点。一是继续拓展了管理会计的职责边界，比如精益管理、可持续发展公告。二是注重核心工具创新，以核心工具为框架，多种工具组合应用。三是涉及变革管理、成本文化等更深层次的问题。比如：价值流成本核算，战略地图——方针管理矩阵、战略风险管理、估值技术等。

特别是为了适应新经济环境的要求，IMA于2016年发布了《管理会计公告——综合报告》，对管理会计的信息披露问题进行了详细说明，为我国改进管理会计报告提供了借鉴。其强调从整体出发，在一份报告中同时列示和解释财务及非财务信息。但《管理会计公告——综合报告》要求披露的内容较为广泛，在实践中操作难度较大，信息采集成本、报告系统的改进成本等都较高，使得其在我国企业中的推广受到制约。另外，2013年12月国际综合报告委员会（IIRC）发布了《国际综合报告框架》，旨在为投资者提供更具相关性的信息，帮助他们更有效地分配资本，提高资本的使用效果。《国际综合报告框架》也是重要的管理会计报告规范指南之一。

我国管理会计指引体系

2014年10月，我国发布《财政部关于全面推进管理会计体系建设的指导意见》，2015年开始，财政部组织全国学术界和实务界管理会计科研力量，形成产学研团队，以管理会计专项课题的形式，进行大量研究。财政部在调研、专家讨论、面向全社会征求意见的基础上，发布了《管理会计基本指引》和《管理会计应用指引第 100 号——战略管理》等 34 项管理会计应用指引系列文件，标志着我国管理会计应用指引体系的正式建立。我国管理会计指引体系如图 1-1 所示，管理会计应用指引体系如表 1-3 所示。另外，与应用指引配套，财政部积极推进管理会计案例库建设，初步形成配套性强且具备较强典型性、示范性的管理会计案例库，于 2019 年 5 月出版《管理会计案例示范集》，为广大企事业单位应用管理会计提供了实践样板。

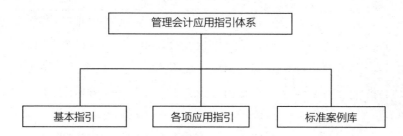

图 1-1　我国管理会计指引体系

表 1-3　我国管理会计应用指引体系

序号	应用领域指引	工具方法指引
1	管理会计应用指引第 100 号——战略管理	管理会计应用指引第 101 号——战略地图
2	管理会计应用指引第 200 号——预算管理	管理会计应用指引第 201 号——滚动预算
3		管理会计应用指引第 202 号——零基预算
4		管理会计应用指引第 203 号——弹性预算
5		管理会计应用指引第 204 号——作业预算
6	管理会计应用指引第 300 号——成本管理	管理会计应用指引第 301 号——目标成本法
7		管理会计应用指引第 302 号——标准成本法
8		管理会计应用指引第 303 号——变动成本法
9		管理会计应用指引第 304 号——作业成本法

序号	应用领域指引	工具方法指引
10	管理会计应用指引第400号——营运管理	管理会计应用指引第401号——本量利分析
11		管理会计应用指引第402号——敏感性分析
12		管理会计应用指引第403号——边际分析
13		管理会计应用指引第404号——内部转移定价
14		管理会计应用指引第405号——多维度盈利能力分析
15	管理会计应用指引第500号——投融资管理	管理会计应用指引第501号——贴现现金流法
16		管理会计应用指引第502号——项目管理
17		管理会计应用指引第503号——情景分析
18		管理会计应用指引第504号——约束资源优化
19	管理会计应用指引第600号——绩效管理	管理会计应用指引第601号——关键绩效指标法
20		管理会计应用指引第602号——经济增加值法
21		管理会计应用指引第603号——平衡计分卡
22		管理会计应用指引第604号——绩效棱柱模型
23	管理会计应用指引第700号——风险管理	管理会计应用指引第701号——风险矩阵
24		管理会计应用指引第702号——风险清单
25	其他领域	管理会计应用指引第801号——企业管理会计报告
26		管理会计应用指引第802号——管理会计信息系统
27		管理会计应用指引第803号——行政事业单位

其中，《管理会计应用指引第801号——企业管理会计报告》，为我国各企业编制管理会计报告提供了指南和依据。

管理会计信息的基本属性

管理会计信息的基本属性包括非标准化、内部化、数智化和多维度。

1. 非标准化

管理会计主要服务单位的内部管理，主要反映报告主体的个性化信息。管理会计报告主体可能是一个单位，也可能是单位的一个事业部或战略业务单元，管理需求的多元化，决定了管理会计信息的非标准化，管理会计报告主体更加广泛和精准。尤其是在当今社会，技术不断进步，在大智移云物（大数据、智能化、移动互联网、云计算、物联网）等新一代信息技术应用的背景下，智能制造将不断取代传统的制造模式，个性化定制将成为重要的生产组织模式，直接成本的归集、间接成本的分摊，需要细化到每个个性化订单，即成本核算更加精细。企业的运行机制、管理机制、决策机制及信息化规划需要重构，企业管理需要转型，管理需要更加精细化，管理会计报告需要突破传统财务会计报告的局限，借助大数据、XBRL 等信息技术，整合企业的财务和非财务信息，通过对信息的加工、处理和分析展示等编制管理会计报告，为企业提供决策支持。

2. 内部化

管理会计信息的内部化，是指管理会计报告主要服务内部管理者进行决策。特别是在商业模式层出不穷的当下，管理会计信息的内部化突出地表现在场景化上。场景化分析着眼于预测性分析，为企业提供"应该怎么做""如何适应改变"的相关信息，将分析得到的数据反馈到特定业务场景中，并为决策者提供决策参考，使得分析更加精细、科学、准确。另外，管理会计信息的内部化还表现在管理会计报告主要服务企业内部运营管理上，随着信息技术、互联网经济以及商业模式不断创新，经济波动的周期越来越短、经营环境的变化越来越快，这就需要企业对瞬息万变的市场环境做出迅速反应，加快企业内部供产销信息的获取、加工和分析速度，提升对外部市场的响应能力，加强业财技融合，推动管理会计报告向实时化转变，提升管理会计信息的及时性，以满足决策需求。

3. 数智化

在信息化、智能化技术应用背景下，管理会计信息将进一步起到决策支持作用。自然语言处理、知识图谱、图像识别等人工智能技术，将服务业务人员和财务人员，扩大人类专家的作用范围，与机器智能一起支持企业决策，管理会计报告将迎来智能化和大数据化的时代。管理会计人员将运用大数据搜集、存储、加工、分析和利用信息。随着新技术的运用、组织的转型、核算对象的变化等，管理会计的内容和工作方式也将发生重大转变，管理会计提供的信息将有效融合业务系统、ERP 系统、预算平台、数据分析平台等资源，为企业提供全方面、多层次的管理分析和决策支持。包括企业战略、竞争对手情况、产量、作业量、动因量等信息在内的管理会计报告需要可视化的信息化技术的支撑，以实现报告呈报的简明、直观、高效，因此治理数据、建立模型和及时呈报也成为搭建管理会计报告体系的关键路径。

4. 多维度

管理会计报告主体的个性化决定了管理会计信息的多维度属性。企业需要分别搭建战略层、经营层和业务层的管理会计报告，以满足不同报告使用主体的需求。另外，企业董事会、监事会和高管对管理会计信息的需求也有所不同，本书后续章节将主要围绕战略层、经营层、业务层管理会计报告框架展开论述。按照内容分类，管理会计报告分为战略管理报告、经营管理报告、决策分析报告和业绩评价报告。战略管理报告需要围绕战略的制定、实施和评价展开，包括但不限于宏观经济情况、行业或企业经营状况分析报告，竞争对手分析报告，供应商、销售商及客户分析报告等。经营管理报告是企业管理会计报告的重要领域，包括但不限于收入、成本费用、资金需要量、财务预算等分析报告。决策分析报告主要服务经营层的决策需求，包括但不限于产品定价决策、产品组合优化决策、投融资决策和市场营销决策报告等。业绩评价报告是管理会计报告的核心内容，是推动企业经营成果实现的重要方式，业绩评价报告包括但不限于企业绩效考核、员工绩效考核和社会责任绩效考核报告等。

管理会计环境的根基：机制与规模

组织的机制和规模是管理会计应用的重要环境因素之一，也是影响管理会计报告呈现方式、信息处理、主要内容的重要因素。

公司制、合伙制、独资制

1. 公司制企业

公司制企业包括有限责任公司和股份有限公司两种形式，投资人按投入资金比例承担相应的责任。公司制企业以法人财产制度为核心，以科学有效的治理结构为基础，以营利为目的，自主经营、自负盈亏，是按照法律规定成立的具有法人资格的经济组织，是我国现代化企业中最重要的企业组织形式。

在公司制企业中，出资者所有权与法人财产权分离，使公司制企业具有产权清晰化、权责明确化、政企分离化、管理科学化、投资风险缩小化等特点。公司制企业内部具有规范的管理方案、健全的规章制度、合理的组织机构以及精准的人员配备。因此，管理会计报告在公司制企业中推动时具有先天优势；但与其他类型企业相比，公司制企业具有企业规模较大、组织机构较多等特征，故导致其在实行业财融合、推广管理会计和管理会计报告上相对较难。

2. 合伙制企业

合伙制企业是指在中国境内设立的由两人或两人以上按照协议共同投

资、共同经营、共享收益、共担风险，归属于企业主共同所有并对企业的债务承担无限连带责任的营利性组织。合伙企业投资可以是资金、特许权、信用、劳务以及其他财物等。总的来看，在中国，合伙制企业的数量比公司制企业和个人独资企业少，主要在零售业、经纪业、会计师事务所以及律师事务所中较为常见。

有限合伙企业由一名以上的普通合伙人和一名以上的有限合伙人所组成，普通合伙人对合伙企业债务承担无限连带责任，有限合伙人以其认缴的出资额为限对合伙企业债务承担责任，这使合伙企业实现了企业管理权和出资权的分离。有限合伙企业在表面上是介于合伙制企业和有限责任公司之间的一种企业组织形式，但是，其本质是合伙制企业的特殊形式之一，而非公司。

合伙制企业拥有相对简单的组织结构和薄弱的人员配置，管理会计的应用和管理会计报告的建设对其来说是较大的挑战。但是合伙制企业组织结构以及人员配置相对简单，财务人员和业务人员的沟通较多、业财融合程度较高，成为推动管理会计报告的有利条件。

3. 个人独资企业

个人独资企业也被称为个人企业，是根据我国个人独资企业法的规定，在中国境内设立，由个人出资、个人经营、归个人所有和控制、由个人承担经营风险和享有全部经营收益的企业组织形式。个人独资企业以独资的方式经营，个人承担无限的经济责任，破产时债权人可以扣留业主的个人财产。个人独资企业在法律上不具有法人资格，属于自然人企业，在小规模生产时期盛行，是最早、最简单的企业组织形式。即使在现代社会中，个人独资企业依然在数量上占主导地位，此类企业一般在规模较小的小型加工业、零售业以及服务业等领域较为活跃。

个人独资企业一般采用代理记账的方式或聘用个别核算会计记录经济业务，因此限于业主和高管个人风格、管理需求应用管理会计报告信息。

企业规模划分：大型、中型、小型、微型

大型、中型、小型、微型企业的划分标准主要有三个指标，即从业人员、营业收入、资产总额，这是在 2011 年由工业和信息化部、国家统计局、国家发展改革委、财政部共同研究制定的。

需特别说明的是，大型、中型和小型企业须同时满足表 1-4 所列指标的下限，否则下划一档；微型企业只需满足表 1-4 所列指标中的一项即可。

表 1-4 中带 * 的项为行业组合类别，其中：工业包括采矿业，制造业，电力、热力、燃气及水生产和供应业；交通运输业包括道路运输业、水上运输业、航空运输业、管道运输业、装卸搬运和运输代理业，不包括铁路运输业；信息传输业包括电信、广播电视和卫星传输服务，互联网和相关服务；其他未列明行业包括科学研究和技术服务业，水利、环境和公共设施管理业，居民服务、修理和其他服务业，社会工作，文化、体育和娱乐业，以及房地产中介服务、其他房地产业等，不包括自有房地产经营活动。

表 1-4 企业规模如何划分

行业名称	指标名称	计量单位	大型	中型	小型	微型
农、林、牧、渔业	营业收入（Y）	万元	$Y \geq 20\,000$	$500 \leq Y < 20\,000$	$50 \leq Y < 500$	$Y < 50$
工业 *	从业人员（X） 营业收入（Y）	人 万元	$X \geq 1\,000$ $Y \geq 40\,000$	$300 \leq X < 1\,000$ $2\,000 \leq Y < 40\,000$	$20 \leq X < 300$ $300 \leq Y < 2\,000$	$X < 20$ $Y < 300$
建筑业	营业收入（Y） 资产总额（Z）	万元 万元	$Y \geq 80\,000$ $Z \geq 80\,000$	$6\,000 \leq Y < 80\,000$ $5\,000 \leq Z < 80\,000$	$300 \leq Y < 6\,000$ $300 \leq Z < 5\,000$	$Y < 300$ $Z < 300$
批发业	从业人员（X） 营业收入（Y）	人 万元	$X \geq 200$ $Y \geq 40\,000$	$20 \leq X < 200$ $5\,000 \leq Y < 40\,000$	$5 \leq X < 20$ $1\,000 \leq Y < 5\,000$	$X < 5$ $Y < 1\,000$

续表

行业名称	指标名称	计量单位	大型	中型	小型	微型
零售业	从业人员（X）营业收入（Y）	人 万元	$X \geqslant 300$ $Y \geqslant 20\,000$	$50 \leqslant X < 300$ $500 \leqslant Y < 20\,000$	$10 \leqslant X < 50$ $100 \leqslant Y < 500$	$X < 10$ $Y < 100$
交通运输业*	从业人员（X）营业收入（Y）	人 万元	$X \geqslant 1\,000$ $Y \geqslant 30\,000$	$300 \leqslant X < 1\,000$ $3\,000 \leqslant Y < 30\,000$	$20 \leqslant X < 300$ $200 \leqslant Y < 3\,000$	$X < 20$ $Y < 200$
仓储业*	从业人员（X）营业收入（Y）	人 万元	$X \geqslant 200$ $Y \geqslant 30\,000$	$100 \leqslant X < 200$ $1\,000 \leqslant Y < 30\,000$	$20 \leqslant X < 100$ $100 \leqslant Y < 1\,000$	$X < 20$ $Y < 100$
邮政业	从业人员（X）营业收入（Y）	人 万元	$X \geqslant 1\,000$ $Y \geqslant 30\,000$	$300 \leqslant X < 1\,000$ $2\,000 \leqslant Y < 30\,000$	$20 \leqslant X < 300$ $100 \leqslant Y < 2\,000$	$X < 20$ $Y < 100$
住宿业	从业人员（X）营业收入（Y）	人 万元	$X \geqslant 300$ $Y \geqslant 10\,000$	$100 \leqslant X < 300$ $2\,000 \leqslant Y < 10\,000$	$10 \leqslant X < 100$ $100 \leqslant Y < 2\,000$	$X < 10$ $Y < 100$
餐饮业	从业人员（X）营业收入（Y）	人 万元	$X \geqslant 300$ $Y \geqslant 10\,000$	$100 \leqslant X < 300$ $2\,000 \leqslant Y < 1\,0000$	$10 \leqslant X < 100$ $100 \leqslant Y < 2\,000$	$X < 10$ $Y < 100$
信息传输业*	从业人员（X）营业收入（Y）	人 万元	$X \geqslant 2\,000$ $Y \geqslant 100\,000$	$100 \leqslant X < 2\,000$ $1\,000 \leqslant Y < 100\,000$	$10 \leqslant X < 100$ $100 \leqslant Y < 1\,000$	$X < 10$ $Y < 100$
软件和信息技术服务业	从业人员（X）营业收入（Y）	人 万元	$X \geqslant 300$ $Y \geqslant 10\,000$	$100 \leqslant X < 300$ $1\,000 \leqslant Y < 10\,000$	$10 \leqslant X < 100$ $50 \leqslant Y < 1\,000$	$X < 10$ $Y < 50$

续表

行业名称	指标名称	计量单位	大型	中型	小型	微型
房地产开发经营	营业收入（Y） 资产总额（Z）	万元 万元	$Y \geqslant 200\,000$ $Z \geqslant 10\,000$	$1\,000 \leqslant Y$ $< 200\,000$ $5\,000 \leqslant Z$ $< 10\,000$	$100 \leqslant Y$ $< 1\,000$ $2\,000 \leqslant Z$ $< 5\,000$	$Y < 100$ $Z < 2000$
物业管理	从业人员（X） 营业收入（Y）	人 万元	$X \geqslant 1\,000$ $Y \geqslant 5\,000$	$300 \leqslant X$ $< 1\,000$ $1\,000 \leqslant Y$ $< 5\,000$	$100 \leqslant X$ < 300 $500 \leqslant Y$ $< 1\,000$	$X < 100$ $Y < 500$
租赁和商务服务业	从业人员（X） 资产总额（Z）	人 万元	$X \geqslant 300$ $Z \geqslant 120\,000$	$100 \leqslant X$ < 300 $8\,000 \leqslant Z$ $< 120\,000$	$10 \leqslant X$ < 100 $100 \leqslant Z$ $< 8\,000$	$X < 10$ $Z < 100$
其他未列明行业 *	从业人员（X）	人	$X \geqslant 300$	$100 \leqslant X$ < 300	$10 \leqslant X$ < 100	$X < 10$

从业人员，是指企业期末的从业人员总数，若企业期末从业人员总数不具有代表性，则采用全年平均从业人数代替。

营业收入：建筑业、工业、限额以上住宿餐饮业、批发零售业以及其他设置主营业务收入的行业，采用主营业务收入为划分指标；限额以下批发零售业，采用商品销售额为划分指标；限额以下住宿餐饮业，采用营业额为划分指标；农林牧渔业，采用营业总收入为划分指标；其他未设置主营业务收入的行业，则采用营业收入为划分指标。

资产总额，在所有行业都可以采用资产总额来作为划分指标。

不同规模企业，管理会计推广应用方法不同：大型企业按照顶层设计，系统推进；中小型企业按照需求牵引、个性突破的方式推进。因此不同规模企业管理会计报告的内容、呈现方式、信息化手段都不同。

管理会计环境的内核：管理模式

企业管理模式是管理会计应用环境的主要方面，管理模式涉及企业如何组织生产经营、如何设计企业治理体系、如何呈报信息报告，对管理会计报告的设计具有重大影响。当下企业管理模式主要分为层级式、矩阵式和扁平式三种。

层级式

层级式管理模式分为直线型、职能型、混合型（直线职能型和直线参谋型）等组织结构。

1. 直线型组织结构

直线型组织结构是最简单和最基础的组织结构。

它的特点是企业各级单位从上到下实行垂直领导，组织中的每一位管理者对其下属都有直接的管理权，同时下属只接受一个上级的指令，各级的负责人对其所属单位的一切问题负责。

其优点是：结构比较简单，责任分明，命令统一。

其缺点是：若企业规模较大，则会使所有管理职能都集中在某位管理者手中，且所有的责任也都只由一人承担，导致管理难度较大；同时不同直线部门的目标不统一，不易沟通协调，从而导致矛盾的产生。

2. 职能型组织结构

职能型组织结构也称为 U 型组织结构，是代替直线型全能管理者的组织结构。职能型组织结构按照企业职能来进行各个部门的分工，即企业设置相应的管理部门，各管理部门能够在自己业务范围之内直接向下级部门下达命令。

其优点是：可以吸收专家的管理建议，使管理难度降低，减少上级管理者的负担，同时管理工作分工也变得更加细致。

其缺点是：结构分散，权责落不到实处，阻碍了组织的统一指挥，容易导致管理混乱；各职能部门只关注本部门的业务，导致部门管理者忽略本专业以外的知识，同时与其他部门的横向沟通协调能力较弱。

3. 混合型组织结构

混合型组织结构可分为直线职能型和直线参谋型两种类型。以直线参谋型组织结构为例，按组织的职能划分部门，按组织的专业进行分工和机构设置，其部门可分为指挥部门和参谋部门。

其优点是：各个部门都是由直线人员统一指挥和调用，使得权力高度集中，责任明确到人，满足了现代组织活动的需要；各级直线管理者可以吸收相应的职能机构和人员的建议，对于现代管理工作中比较复杂和细致的问题，可以正确而高效地解决。

其缺点是：各参谋部门和指挥部门之间的目标不统一，各部门之间沟通较少，导致矛盾的产生和沟通协调成本的增加，不利于培养全方位复合型人才；同时下级部门只是单纯服从上级部门的指挥，主动性和积极性受到限制，导致不能集思广益地做出更加高质量的决策。

层级式管理模式下，企业管理会计报告适合采用战略层、经营层、业务层三层管理会计报告框架，区别不同信息应用主体和决策主体制定满足不同需求的管理会计报告和管理会计信息。

矩阵式

矩阵式管理模式中的矩阵式组织结构是企业常见的一种组织结构，它既有按照职能划分的垂直领导系统，又有按照项目划分的横向领导系统，这种横向领导系统是为完成特定任务而临时组成的多个专门的小组，完成任务后自动解散。与直线型组织结构相比，它具有灵活、高效的特点，被大多数企业所认可和接受。

其优点包括：横向领导系统和垂直领导系统相辅相成、集思广益，促进了各部门之间的沟通和协作，从而使企业做出更有利于长远发展的决策和可以更加高效地完成任务。

其缺点包括：横向领导系统是临时性的，所以稳定性较差；小组成员需同时服从于横向领导和垂直领导的指令，当两位领导意见不一致时，容易导致任务的停滞和管理的混乱。

矩阵式管理模式中的矩阵式组织更加适合较为庞大的全球性公司。例如某家全球性跨国公司的核心项目有：针对企业用户的服务器、针对个人用户的电子产品，以及针对银行等金融机构的应用系统。在传统模式下，企业的组织结构将十分庞大，在不同的项目中都需安排研发、生产、销售、售后以及财务部门，其结果是各部门之间职能相互重叠，但又相互隔离，极大地浪费了企业的人力资源，造成人工成本的陡然增大。因此，矩阵式管理模式可以避免不必要的成本浪费，提升大型企业经营效率。适用矩阵式管理模式的企业还需具备以下条件。

条件一：大部分产品线共享着稀缺资源。例如工程师职位，适用于矩阵式管理模式的一般是中等规模的企业。这类企业拥有着中等数量的产品线，但组织迫于成本压力，不可能在每条产品线中都安排足够的工程师，因此工程师只能身兼数职，被派往不同的产品线中工作。

条件二：市场对不同的产品存在不同的要求。例如市场对产品质量和产品快速更新的要求，在这种双重压力之下，企业需要利用双重职权结构来维持组织职能和产品之间的一种平衡关系。

条件三：企业所处的环境是灵活多变的。灵活多变的外部环境使企业内部不断进行着相应的调整，不管是在纵向还是横向部门中都需进行大量的沟通和协调工作。

采用矩阵式管理模式的企业，由于需要敏锐掌握外部经营环境的变化，因此管理会计报告的频率需要提高、周期需要缩短，需要有强大的管理会计信息系统提供支撑，业财融合程度要求相对较高，业财技融合的管理会计信息系统需求强烈和迫切。

扁平式

扁平式管理模式中的扁平式组织结构是指企业通过减少管理层次，加大管理控制幅度，而建立的一种紧凑、高效的组织结构。

其优点是：由于管理层次较少，所以上下级关系密切，信息传递速度较快，沟通成本降低；由于管理幅度较大，所以下级部门有较大的自主性、积极性和满足感。

其缺点是：管理幅度较大，不易实施严密的监督和控制，从而增加了上下级之间的协调成本。

因此，扁平式组织结构适用于工作岗位相似、工作任务简单、任务难度较低、对上下级之间协调性要求不高的企业。

扁平式管理模式为管理会计的应用创造了较好的环境，与其他管理模式相比，扁平式管理模式下，下级有更大的自主性，更容易发挥下级对决策的支持作用，对管理会计信息的相关性提出更高要求，也对信息在不同内部单元之间的共享提出更高要求。

管理会计环境的外延：企业外部环境

国内地域

从国内地域来看，"经济越发展，会计越重要"的规律更加突出：沿海地区等经济发达地区，管理会计应用动力越大，管理会计应用落地越好。因此，国内地域与管理会计应用及管理会计报告的实践发展成正相关关系。经济发达地区，在营商环境、会计信息完备性、财务信息系统先进性等方面具有得天独厚的优势，人才素质相对较高，企业经营更加依靠市场化原则，因此推动管理会计的环境较为完备。相比之下，经济欠发达地区在管理会计的理念、应用管理会计的机制、管理会计人才和财务信息化水平方面都对管理会计应用落地产生一定的不利影响。

国际化

会计是通用的商业语言，管理会计作为主要服务单位内部管理需要的会计，其本身发展就是国际化的。从国外各种管理会计工具方法的引入，到目前我国主动融入国际管理会计交流大潮，我国不断发出自己的管理会计声音。作为国际商业语言的会计，受到了前所未有的巨大挑战，管理会计国际化应该与整个会计国际化同步发展。充分利用我国会计优良的历史遗产并与西方会计有效地结合，是管理会计理论发展和实践应用的必由之路。

＜经典案例＞

海尔共赢增值表实践与管理会计报告创新 [①]

案例背景

海尔集团（以下简称"海尔"）在企业管理的转型和创新中，一直走在中国管理实践的前列，其独创的人单合一模式是海尔集团多次战略转型的思想基础。从企业初创到今天的物联网时代，海尔不断探索顺应时代发展的商业模式和管理工具。海尔共赢增值表的设计和使用，为管理会计报告指引的应用实践提供了很好的经验借鉴。

海尔经历了六次转型，不断探索顺应时代发展的商业模式和管理工具。随着《财政部关于全面推进管理会计体系建设的指导意见》的推出，海尔结合物联网商业环境和企业的发展战略，率先设计和使用了共赢增值表，为管理会计报告指引的应用实践提供了很好的经验借鉴，为管理会计理论体系的完善做了有益的补充。

人单合一

"人单合一"是张瑞敏提出并命名的一种商业模式。人，指员工，并且是拥有现场决策权、用人权和分配权的创业者和动态合伙人；单，指用户价值；合一，指员工的价值实现与所创造的用户价值合一。每个员工都应直接面对用户，创造用户价值，并在为用户创造价值中实现自己的价值分享。员工因用户而存在，有"单"才有"人"。但在不同的发展阶段，人单合一的内涵又有不同之处。在物联网的今天，人单合一模式顺应"零距离"和"去中心化"的时代特征，从企业、员工和用户三个维度进行战略定位，在探索实践过程中，不断形成并迭代演进。

---

① 资料来源：《中国管理会计》2022 年第 1 期、2018 年第 6 期。

图 1-2 所示的海尔"三生"体系与物联网时代社群经济、共享经济、体验经济的特点相契合，其核心是人与人的互联。具体而言：生态圈对应着社群经济，其以社群用户为主体，通过搭建触点网络创造用户体验迭代，实现创造价值与传递价值合一；生态收入对应共享经济，其让生态圈中的各攸关方共享自创的用户体验增值，以此良性循环，让生态增值代替单一的产品价值；生态品牌则对应体验经济，其目标是感知用户传递的需求，即时创造用户体验升级，直至形成终身用户。物联网就是社群经济、共享经济和体验经济，海尔将在实践中以"生态圈""生态收入""生态品牌"的"三生"体系推进物联网生态模式的转型。而这种转型的价值创造，在海尔是通过管理会计工具的创新——共赢增值表来反映的，并且根据发展的情况不断进行迭代。

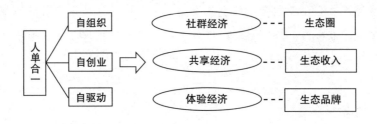

图 1-2 海尔"三生"体系

利益相关者视角的和谐共生理论

企业是社会的"细胞"，也是社会的经济基础，构建社会主义和谐社会离不开构建和谐企业。然而，对于和谐企业的含义以及如何构建和谐企业，目前尚属探索阶段。本文试图从利益相关者的视角探讨和谐企业的构建。

利益相关者理论是在契约理论的基础上由环境推动发展起来的。随着社会经济的不断发展，员工等利益相关者的专用性资产投入对企业竞争力的作用越来越重要，股东不再是企业经营风险的唯一承担者。企业在经营管理过程中产生了一系列外部问题，比如破坏环境、浪费资源、漠视员工利益、制造假冒伪劣产品、进行不正当竞争破坏社会秩序等，企业对社会的负面影响日益凸显。

利益相关者大致可以分为三个部分。（1）内部利益相关者：在职员工、退休员工和企业管理者。（2）外部利益相关者：政府、媒体（压力集团）、国内外社会组织/行业协会等和社会专业服务机构。（3）连接层利益相关者：股东、债权人、顾客、银行等金融机构、供应商、竞争者等。这些利益相关者之间存在着不同的目标价值，其行为也就带有不同的目标导向，从而在真实的企业环境中，会存在各种矛盾、冲突和妥协等情形。利益相关者分类如表 1-5 所示。

表 1-5　利益相关者分类

利益相关者集合（stakeholder groups）	
类别	内容
内部利益相关者 （internal）	在职员工和退休员工 （employees and pensioners）
	企业管理者（managers）
外部利益相关者 （external）	政府（government）
	媒体等压力集团（pressure groups）
	国内外社会组织/行业协会等 （local and national communities）
	社会专业服务机构（professional and regulatory bodies）
连接层利益相关者 （connected）	股东（shareholders）
	债权人（debtholders）
	顾客（customers）
	银行等金融机构（bankers）
	供应商（suppliers）
	竞争者（competitors）

利益相关者视角的企业管理会计报告框架构建

本文根据财政部颁布的《管理会计应用指引第 801 号——企业管理会

计报告》，结合目前企业在管理会计报告方面的实践，从利益相关者的视角，尝试构建我国的企业管理会计报告框架。

（一）管理会计报告的目标：基于利益相关者视角，运用共赢增值表，为企业战略层、经营层和业务层，进行规划、决策、控制和评价等管理活动提供有用信息。

（二）管理会计报告的对象：对管理会计信息有需求的各个层级、各个环节的管理者及其他利益相关者。

（三）管理会计报告的内容：财政部颁布的管理会计报告指引根据不同的分类标准，将管理会计报告分为五类，重点介绍了按照报告使用者所处的管理层级进行分类，即战略层管理会计报告、经营层管理会计报告和业务层管理会计报告，具体内容如表1-6所示。

表1-6 管理会计报告各层级主要内容

序号	报告类型				报告对象
1	战略层管理会计报告				企业的战略层，包括股东大会、董事会和监事会等
	战略管理报告	综合业绩报告	价值创造报告	……	
	经营分析报告	风险分析报告	重大专项报告	……	
2	经营层管理会计报告				经营管理层
	全面预算管理报告	投资分析报告	项目可行性报告	融资分析报告	
	盈利分析报告	资金管理报告	成本管理报告	业绩评价报告	
3	业务层管理会计报告				企业的业务部门、职能部门以及车间、班组
	研究开发报告	采购业务报告	生产业务报告	配送业务报告	
	销售业务报告	售后服务业务报告	人力资源报告	……	

基于利益相关者的管理会计生态体系，如图 1-3 所示。

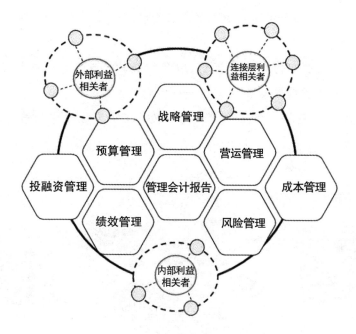

图 1-3　基于利益相关者的管理会计生态体系

按报告使用者所处的管理层级，可将管理会计报告分为战略层管理会计报告、经营层管理会计报告和业务层管理会计报告。

战略层管理会计报告。战略层管理会计报告是企业管理者首先要考虑的综合问题，决定着企业的发展方向，同时还要从股东、政府、社会媒体、供应商、竞争者的视角，考虑其行为和市场表现会给企业的管理会计带来何种影响。

经营层管理会计报告。企业除了考虑前述利益相关者表现外，还要关注企业的债权人、资本市场上金融机构的表现及其对企业经营绩效产生的影响，以及各专业服务机构（如事务所等中介机构）对企业经营管理的影响。

业务层管理会计报告。企业除了考虑前述利益相关者的反应外，还要考虑在职和退休员工对企业经营活动的关注度，企业前端的客户资源和社会资源对企业经营活动产生的影响。

利益相关者和三个层级管理会计报告的互动影响，丰富了管理会计报告的信息含量，提高了管理会计报告的质量，管理会计报告的理论体系得到了进一步发展。

如何将利益相关者视角下的企业管理会计报告体系应用于实践？本文借助海尔研发的管理会计工具——共赢增值表进行分析，以期形成可行的操作范式并加以推广。基于利益相关者的管理会计报告体系如图1-4所示。

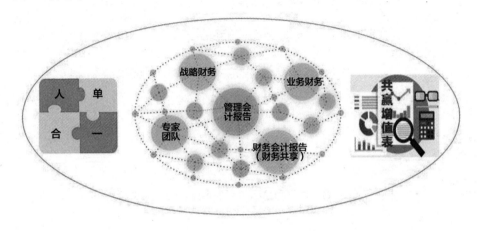

图1-4　基于利益相关者的管理会计报告体系

本文从人单合一模式和利益相关者视角出发，结合数智化企业经营特点和价值衡量需求，深入挖掘多维度下企业管理会计应用现状，使现行的财务报告体系和管理会计报告相契合，发挥各自计量和评价相关利益主体的价值，从而进一步推动我国管理会计的发展。

共赢增值表的提出

海尔逐步从传统制造模式向用户关系模式转型，为了支持这一转型，2015年9月20日，张瑞敏在海尔管理创新年会提出了其创建的"共赢增值表"。共赢增值表结合了财务数据与非财务数据，能够更好地对企业和用户价值进行评估，即企业在资产负债表、利润表、现金流量表这三张表之外，还需要第四张表——共赢增值表。

2016 年，海尔并购了 GE 的家电业务；2019 年 1 月，海尔完成了对意大利 Candy 公司的并购，后者是欧洲最老牌的家电企业之一，其洗衣机、冰箱、厨房电器以及小家电产品在欧洲市场拥有很高的市场占有率。并购不是简单的规模扩张，而是成为网络化组织的必然选择。海尔要将"人单合一"美国化和欧洲化，成为所有美国大企业和欧洲大企业转型的榜样。因此，共赢增值表在海外引起越来越多企业的重视，认为这是基于现实成就的可操作的一张表。与传统利润表不同，共赢增值表包含为用户所创造和共享的价值，也包括常见但非常重要的非财务指标，如交易用户、交互用户和终身用户。IMA 曾提到："对于那些试图鼓励内部创新并愿意与内部企业家分享增值的公司来说，共赢增值表是一个有效的工具。"

共赢增值表嵌入管理会计报告体系的应用

海尔制定共赢增值表的初衷，是希望从传统销售模式（交易即结束）的公司转向用户零售模式（交易即开始）的公司。于是其通过开放式共享平台，其中包括其他供应商所提供的服务，让用户成为公司服务的长期持续用户（即终身用户）。海尔的共赢增值表在实践中一直是不断升级、迭代的，在应用中不断改进，经历了多个版本。无论如何改变，海尔都以企业的长久发展和与用户共创共赢为宗旨，赋予"人单合一"模式新的内涵，将共赢增值表作为企业进行管理的有利抓手，应用于管理会计报告各个不同的层次。海尔从利益相关者的需求出发，开发用户资源，维护以链群为代表的攸关资源方，最终以财务信息和非财务信息共同反映生态平台的价值总量，不仅可以看到利润，更能了解其他利益相关者的增值分享。同时，海尔通过对生态收入和生态成本的剖析，一方面实现对边际收益递减的管理会计理论的颠覆，另一方面找到第四张表和前三张表的钩稽关系。

共赢增值表的具体应用如表 1-7 所示。

表 1-7　共赢增值表

分类	细分类	定义
1. 用户资源	1.1 交易用户	在平台上进行过交易的用户
	1.2 交互用户	在平台上购买过产品或服务后，持续参与交互的用户
	1.3 终身用户	在平台自演进持续迭代丰富社群生态过程中，能够持续参与产品或服务的体验交互的用户
2. 资源方	2.1 交互资源方	所有直接参与增值共赢的利益相关方
	2.2 活跃资源方	潜在参与增值共赢的利益相关方
3. 生态平台价值总量	生态平台价值总量	聚焦用户体验增值的各方共创共享实现的物联网生态圈的价值总量（3.1+3.2）
	3.1 利润	传统利润＋生态利润
	3.1.1 传统利润	传统收入－传统成本
	3.1.2 生态利润	生态收入－生态成本
	3.2 增值分享	链群分享＋支持平台＋共创攸关方
	3.2.1 链群分享	链群共创获得的价值分享，含创客及生态平台等
	3.2.2 支持平台	帮助链群实现价值创造和传递的支持平台。如：大共享平台、三自平台……
	3.2.3 共创攸关方	各利益攸关方（包括资源方、用户创客以及外部资本方）在平台上获得的价值分享
	3.2.3.1 资源方分享	各合作资源方（即供应商或品牌合作商等）在平台上获得的价值分享
	3.2.3.2 用户分享	参与平台、产品、服务共创、设计的用户，取得的价值分享
	3.2.3.3 资本分享	社会化资本方价值分享［可分享利润＋（期末估值－期初估值）］×股权比例
4. 收入	收入	传统收入＋生态收入
	4.1 传统收入	聚焦用户交互与体验的持续迭代，通过销售电器或网器、提供服务等经营业务所形成的收入

续表

分类	细分类	定义
4.收入	4.2 生态收入	聚焦创物联网生态品牌的引领目标，小微企业与各合作方在社群生态平台上通过价值共创持续迭代所形成的收入
	4.3 单用户收入	收入 ÷ 交易用户
5.成本	成本	传统成本 + 生态成本
	5.1 传统成本	聚焦用户交互与体验的持续迭代，通过销售电器或网器、提供服务等经营业务所形成的成本
	5.2 生态成本	社群交互平台持续迭代升级过程中投入的资源成本
	5.3 边际成本	成本 ÷ 交易用户
6.边际收益	边际收益	边际收益 = 单用户收入 − 边际成本

1.用户资源

用户资源不等于用户流量，而是全流程参与设计，用最佳用户体验参与迭代升级，形成的生态圈的用户。用户资源比用户流量更具体。用户资源的演进即用户乘数效应，体现了生态圈的吸聚力。

用户资源可以分为三类：交易用户、交互用户和终身用户。交易用户是在平台上进行过交易的用户；交互用户是在平台上购买过产品或服务后，持续参与交互的用户；终身用户为在平台自演进持续迭代丰富社群生态过程中，能够持续参与产品或服务的体验交互的用户。

交互用户向终身用户的演进表现为用户黏性，用户黏性体现了物联网时代下社群共创资源的变现效率。物联网经济的目的就是通过社群平台上多样化、个性化的创新应用，来实现能够交互和具有黏性的用户价值。

2.资源方

资源方是指生态圈吸聚的、为满足用户需求而持续迭代产品或服务的所有利益攸关方。

资源方包含交互资源方和活跃资源方。交互资源方是指参与平台共创用户体验的相关利益攸关方；活跃资源方是指能够参与多次服务或场景的体验迭代的资源方，并且能够带来资源方的持续优化。而活跃资源方中，又有部分资源方能够基于用户体验持续迭代服务，获得价值分享。

在整个生态圈中，资源方是确保生态圈良性发展的关键。企业能够掌握多少与平台共创用户体验、同时持续优化的资源方，对链群的发展至关重要。共赢增值表通过资源方的数量，一定程度上反映了平台的吸聚力。

3. 生态平台价值总量

生态平台价值总量是指聚焦用户体验增值的各方共创共享实现的物联网生态圈的价值总量，包含利润和增值分享两部分。

利润分为传统利润和生态利润。传统利润等于传统收入减去传统成本，生态利润等于生态收入减去生态成本。

增值分享是指生态圈内的链群，通过创造出颠覆传统行业盈利能力的增值额和盈利模式，吸引利益各方持续投入，最后生态圈利益各方按创造的增值共赢共享。只有通过增值分享，才能实现企业财务价值、链群生态价值、链群共创价值以及单用户价值的不断提升。

增值分享包含三大类，分别为链群分享、支持平台、共创攸关方。链群分享是指链群共创获得的价值分享；支持平台是指帮助链群实现价值创造和传递的支持平台，如大共享平台、三自平台等；共创攸关方则可细分为三类，分别为资源方分享、用户分享和资本分享。

共创攸关方的类别如表 1-8 所示。

表 1-8 共创攸关方的类别

类别	内容
资源方分享	各合作资源方在平台上获得的价值分享
用户分享	参与平台、产品、服务共创、设计的用户，取得的价值分享
资本分享	[可分享利润 +（期末估值 – 期初估值）] × 股权比例

增值分享是生态系统三元素"互生、共生、重生"的基础，不断创造

更多价值并实现分享就是"互生、共生、重生"的内在含义。增值分享还是开放体系的基础,只有增值分享才可以充分激发人的潜能、吸引一流资源与人才,从而实现真正的开放。所以,增值分享是核心的核心,是物联网引爆的引擎。

只有各利益攸关方实现共赢的目标,才能进一步吸引更多的资源提供者和用户到这个平台上来。共赢增值表增值分享部分为企业管理提供了最直接的依据,报表使用者可以直观地查看和衡量。

4. 收入

收入包括传统收入和生态收入两部分。

传统收入是指聚焦用户交互与体验的持续迭代,通过销售电器或网器、提供服务等经营业务所形成的收入。

生态收入是指聚焦创物联网生态品牌的引领目标,小微企业与各合作方在社群生态平台上通过价值共创持续迭代所形成的收入。

生态收入分为三类:一是社群平台收入,指聚焦用户体验迭代形成的新场景的服务实现的收入;二是基于体验交互产生的服务或产品收入,指在平台上,基于用户最佳体验交互产生的,并持续迭代的商品或服务的共享经济收入;三是基于高用户体验下迭代的产品或服务收入,是指转型做平台,基于高用户体验下的价值交互,并持续迭代产生的产品或服务的体验经济收入。

生态收入的增加,体现了从传统的以销售电器或网器为主,向共创共赢生态圈的转型。物联网时代,企业应更注重为用户和资源方搭建一个可以充分交互的平台,进而获取利益。生态收入与传统收入的比例,也反映了企业营造的生态平台在企业经营过程中的价值。

5. 成本

成本是为实现用户价值所投入的资源成本,包括传统成本及生态成本。

传统成本是指聚焦用户交互与体验的持续迭代,通过销售电器或网器、提供服务等经营业务所形成的成本。

生态成本是指社群交互平台持续迭代升级过程中投入的资源成本。同时，对获客成本及服务现有用户的成本进行列示。获客成本是指获取新用户投入的成本，服务现有用户的成本是指平台为服务现有用户投入的平台建设成本、交互投入成本等。

边际成本是指每个交易用户所产生的成本。成本一定的条件下，越多的用户共享资源，企业花费的边际成本就会越小。这也是共创共赢理念的一种体现。

6. 边际收益

边际收益是指每一位用户所创造的利润。生态圈越丰富，用户资源越多，边际收益递增。边际收益的类别如表1-9所示。

表1-9 边际收益的类别

类别	内容
边际收益	单用户收入－边际成本
生态边际收益	单用户生态收入－生态边际成本

边际收益体现了平台的创造能力。平台的吸引力越大，吸引的优质资源提供者就会越多，从而为平台上的各个利益攸关方提供的价值越大。这样，一个良性的物联网价值链就会产生。用户的需求得到满足，资源提供方的收益得到保证，平台共创共赢的理念也得以实现。

通过企业内部使用和不断迭代调整，目前海尔的共赢增值表已到了4.0版本，主要由六大要素组成：用户资源、资源方、生态平台价值总量、收入、成本、边际收益。在物联网环境、生态组织管理和发展模式下，像海尔这样的平台化企业，会根据人单合一的管理理念，利用共赢增值表将企业的管理会计信息分为两大部分：一部分是用户资源和资源方的挖掘，另一部分是生态价值的实现过程，最终做到对传统会计中边际效用递减的颠覆——边际收益递增。在这个价值的实现过程中，始终以用户为源头，在海尔"三自、三生、三权"为导向的人单合一模式下，形成了价值的创造、生态的共赢。共赢增值表主要体现为如下两个平衡关系。

（1）生态价值总量 = 利润 + 增值分享。

利润，是指整个物联网环境下的生态组织中，以海尔为主体产生的利润（包括传统利润和生态利润）。

增值分享，是指由生态组织中其他链群、创客、小微企业及相应的支持平台和其他共创主体从生态平台中分享到的各自的增值部分。

（2）边际收益总额 = 单用户收入总额 - 边际成本总额。

共赢增值表对收入、成本的内涵进行了重新定义，分别在收入项目和成本项目下，计算出单用户收入和边际成本，进而得到边际收益。

共赢增值表在企业管理会计报告中的作用

共赢增值表是基于人单合一模式，以用户为中心的物联网生态价值衡量模式，由企业、外部资源方以及用户共同参与的新的开放物联网生态系统的驱动体系。它是在海尔将传统利润表创新为战略利润表后，进一步做出的适应"人单合一 2.0"时代的重要管理工具。

共赢增值表是海尔转型成为物联网企业的驱动工具，驱动海尔从先前自上而下的管理控制体系转变为开放的小微企业价值创造的生态体系。在组织上，共赢增值表颠覆传统的科层制，形成以用户体验迭代为中心的无边界网络生态链小微企业群（以下简称"链群"）。海尔的目标是创建一个包含所有用户、利益攸关方和其他公司资源增值前提下的"共赢"平台。海尔的业务模式颠覆了传统企业和电商以交易获取产品收入的模式，代之以与用户交互各方共创共赢，共享增值，进而产生生态收入的模式。

共赢增值表结合了财务和非财务数据，来监控和驱动企业、利益攸关方和用户的增值。共赢增值表旨在从六个方面评价和驱动各小微企业：用户资源、资源方、生态平台价值总量（含增值分享）、收入（含生态收入）、成本和边际收益。

基于上述分析，物联网时代，海尔在人单合一管理理念的引领下，以"三生"体系为进一步的发展目标，打造"人单合一"下的共创共赢生态。借助于大共享平台，海尔研发了新的管理工具——共赢增值表，从利益相关者的角度，将内部利益相关者、连接层利益相关者和外部利益相关者全面、动态、前瞻性地嵌入管理会计报告体系，拓展了管理会计报告体系的内容，将管理会计报告的创新应用提升到了一个新的高度。经典经济学理论中，其他条件不变的前提下，一个正向的动因增加会带来效用的增加，但当动因持续增加时，效用的增加会越来越少，趋近于零。但海尔在以体验经济和场景价值为利润增长点的生态模式下，通过不断增加链群和触点，尤其使得交互用户、终身用户的数量以乘数效应倍增，而开发和维护用户、资源的成本增加的速度低于用户数量的增加，从而达到边际效用递增的效果。这对传统经济学"边际效用递减规律"是一个颠覆。

共赢增值表有一套自己的逻辑体系，由于是对内应用，所以各个企业可以根据自己的组织结构和管理战略，对这个工具进行有选择地使用或做相应的修订。共赢增值表嵌入管理会计报告的应用如图1-5所示。

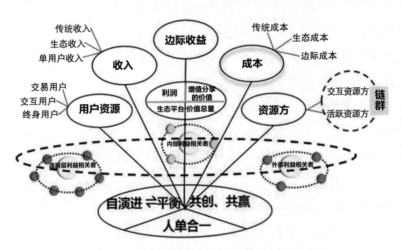

图1-5　共赢增值表嵌入管理会计报告的应用

结论与展望

梳理海尔人单合一管理模式的发展脉络，结合物联网背景，海尔已进入第六个战略发展阶段，并在"三权""三自"的基础上，提出了社群经济对应的"生态圈"、共享经济对应的"生态收入"、体验经济对应的"生态品牌"的"三生"体系，进一步在去中心化的基础上推动链群引爆和场景价值的生态品牌商业模式。为了能更好地对海尔这样的企业进行及时、准确、合理的分析和预测，本文提出了从利益相关者的视角，构建以"共赢增值表"为抓手的管理会计报告体系。一方面，从理论上丰富了财政部颁布的管理会计报告应用指引的内容，将共赢增值表作为一个有力的管理工具，构建了包含"第四张表"在内的管理会计报告体系。共赢增值表与传统的三大报表结合使用，更多地挖掘企业的非财务信息，对企业的经济管理行为进行指导。另一方面，共赢增值表的应用是对海尔"人单合一"管理模式的升华，从产品、网器，到链群、合伙人、创客、小微企业以及其他利益相关者，都在获取各自利益。共赢增值表成了相互支持的平台或触点，可引爆整个生态系统的"共赢式增长"，"独行快，众行远"的管理哲学也与我国传统的"天人合一"思想不谋而合。此外，本文提出的基于海尔共赢增值表的企业管理会计报告对于其他企业如何完善管理会计报告的实践提供了有价值的借鉴。

海尔的管理思想和管理实践在世界上都是独树一帜、超前领先的，共赢增值表依托于海尔的商业模式、经营理念应运而生，并且已在企业应用中迭代了多次，目前还在不断发展中，企业管理会计的实践取得了比较好的效果。海尔在不断丰富"人单合一"管理模式的基础上，已经为下一次的战略转型做好了准备。随着区块链技术的进一步成熟，海尔在平台价值创造和共赢中会创造出更多的管理会计工具，这也给我们带来了进一步研究的空间。比如："三生"体系下，海尔的生态品牌价值如何在共赢增值表中体现；海尔生态资产的转化如何纳入企业的报告体系中；针对共赢增值表的前瞻性和动态性，不同的企业如何按照自己的经营特点、管理需求定制个性化的共赢增值表，达到和实现共生共赢的目标；等等。我们相信，随着数字化经济的持续发展和企业商业模式的转型发展，以共赢增值表为代表的管理会计工具将会得到不断完善和改进，并在新时代企业的发展中发挥重要作用。

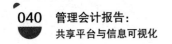
＜问题讨论＞

如何从利益相关者的视角构建企业管理会计报告框架？（结合海尔共赢增值表的理论与实践，建立以共赢增值表为抓手的管理会计报告体系，为管理会计报告体系的完善和实践操作提供有益的补充。）

2

管理与决策的会计
信息需求

▶ 从一个案例讲起

中石化根据资产与企业战略定位的契合程度和对预期经济效益的实现程度，创新性地将集团资产分类为高效、低效、无效和负效资产；在对各类资产进行针对性管理的过程中，形成了由资产分类统计报告、监控报告和创效报告组成的管理会计报告体系。

中石化的资产分类管理体系以管理会计报告体系为核心，以资产分类的指导纲领、基础设施和绩效考核机制为保障，在运行过程中取得了良好的创效成效。这是对企业管理会计报告的形式、内容及实践应用的一次重大创新，为其他企业的管理会计报告创新之路提供了借鉴。

对比才能知不同

会计信息和财务信息各有其内涵。会计信息一般或主要指财务会计信息，其需要满足对外信息披露的需求。而财务信息比会计信息的范围大，还包括用于内部管理决策的其他非会计信息，即"财务信息"一节中提出的"财务信息不仅服务于外部利益相关者，更重要的是服务于企业内部经营决策和业务活动的高效开展"。非财务信息与财务信息的主要区别是，非财务信息的信息来源为业务部门，而财务信息和会计信息的信息来源主要是财务部门。

数据信息的根本价值在于支持决策。这一点，于对内报告和对外报告并无区别。只是在会计界，分析财务报告以支持投资决策早已成为共识；而支持战术管理决策、战略管理决策的对内会计报告，却不清晰，更谈不上成体系。从这个意义说，管理会计助力企业战略还不够。

会计信息

会计以记录原始会计信息、加工会计信息产品为己任。会计信息作为标准化的、主要满足外部利益相关者的财务会计报表和报告的信息，需要遵守会计准则的要求；但作为主要满足单位内部决策需要的管理会计报告的信息一般没有准则方面的法定要求。在管理会计报告的理论和实践层面，还或多或少存在一些认识的误区，这些误区主要受财务会计报告特征的影响，主要表现在如下方面。

一是从信息呈现形式和生成过程上看，认为管理会计报告类似财务会计报告，是企业内部管理中另一套格式化、以货币表现的报表体系。**二是**从报告编制者和参与者来看，认为编制管理会计报告是财务部门独立报表岗位的一项专业工作，认为管理会计报告是财务人员单独编制完成的。**三是**从信息决策价值来看，认为管理会计报告是在财务数据、会计数据基础上，经过财务分析、指标分析等传统的会计信息加工过程，辅之以部分非财务信息，得出的用于支持决策的报告体系。**四是**从报告使用方式来看，认为管理会计报告中涉及的相关信息是直接引用的，未从管理层的信息需求、信息加工方式、信息选择等方面加以考虑，因此，管理会计报告在信息呈现方式、报告编制者和参与者、信息决策价值、报告使用方式等方面都与财务会计报告有所区别。

财务信息

在管理会计工作中，财务部门和财务人员具有先天优势，财务部门是企业天然的数据中心，是收集、处理、分析数据的部门。财务信息不仅服务于外部利益相关者，更重要的是服务于企业内部经营决策和业务活动的高效开展。比如，财务部门负责财务信息管理工作，包括日常运营管理中分部门、产品、业务的收入、成本费用、预算执行情况等信息的管理，以支撑经营决策；又如，与精益化生产和订单式生产相适应，财务部门通过作业分析、资源消耗分析，掌握订单或产品的全生命周期成本信息，对产品核算、对外定价、客户盈利能力分析等提供决策支撑。

但管理会计中的财务信息与传统的财务信息有着本质的区别，这主要是受到管理会计人员在企业管理中发挥独特作用的影响。从管理会计有效落地和整合价值管理角度考虑，财务部门必须与其他部门密切合作，做到业务和财务的融合，对相关信息进行充分的加工和整合，以支撑决策，使企业的价值最大化，达到价值创造的目标。

非财务信息

除财务信息外，管理会计工作中还涉及大量的来自业务部门的非财务信息，包括组织资源、内部流程、客户等方面。管理会计属于"价值管理"，它区别于企业其他的专业管理。价值管理不再是企业的某种职能管理，而是企业经营管理的全部，其以价值视角看待企业的管理，是一种战略意义的管理。价值管理的实质是管理会计应用的核心。用价值的视角看待整个企业的管理就是价值管理。企业的销售、市场、财务、生产管理均是围绕实现价值管理的职能活动展开的。从价值管理角度看，企业的非财务信息非常广泛，几乎包括企业所有部门管理活动的相关信息，但这些信息需具备决策相关性、有用性才能发挥其价值。

非财务信息的应用是管理会计应用深化的重要标志。非财务信息具有区别于财务信息、会计信息的突出特点，主要表现如下。**一是**非财务信息领先于财务信息。财务信息是对过去的生产经营和交易的记录、计量和报告；非财务信息是在生产经营中实时发生的，在指标相关性上具有领先性，从而使得非财务信息的预测决策功能更强大。**二是**非财务信息具有对业务原因的解释功能。由于非财务信息是产生于业务一线的信息，从信息含量上，非财务信息相比财务信息更加全面，因此非财务信息往往具有对业务原因的解释功能。比如企业常见的预算执行情况分析中，预算差异的数据，需要相对应的业务数据进行解释。通过深入业务源头进行预算偏差分析和财务诊断，财务部门将各种分散于各业务部门的非财务信息进行收集、加工、分析、报告，利用自身对数据相对敏感的特长，得出对企业管理公正、合理的决策建议。

从学术上看，国内外学者对非财务指标的价值和其在管理会计中的应用已经基本达成共识，表 2-1 是典型的非财务信息应用框架。

表 2-1 典型的非财务信息应用框架

序号	非财务信息应用框架	主要内容
1	平衡计分卡	卡普兰（Kaplan）和诺顿（Norton）提出的平衡计分卡作为一种绩效管理理念和实用工具，从财务、客户、业务流程、学习与成长四个维度对企业绩效进行评价，包含了财务与非财务信息
2	价值创造图	英国皇家特许管理会计师公会（CIMA）于 2005 年提出的价值创造图，旨在为企业辨认和计量知识资产及其对价值创造的贡献。其核心要义是：价值创造是人力资源作用于利益攸关者关系和结构资源而产生的经济增值行为
3	价值链计分板	巴鲁克·列夫（Baruch Lev）提出的价值链计分板综合运用了财务指标与非财务指标，并将其有机嵌入驱动价值创造创新过程，旨在以结构性的方式向资本市场传递企业如何将创新转化为股东价值信息
4	无形资产监控表	卡尔 - 爱立克·斯威比（Karl-Erik Sveiby）提出的无形资产监控表分别从外部客户维度、内部组织结构和技术流程维度、员工的学习与成长能力维度对稳定性指标、效率指标和增长 / 革新指标三个方面进行评价，有助于投资者了解企业管理层是否对智慧资本进行持续监控和改进
5	Skandia 导航图	瑞典保险公司 Skandia 提出的 Skandia 导航图由财务重心、客户重心、流程重心、人力重心、革新和发展重心所组成。其中：财务重心主要采用货币计量；客户重心同时运用财务和非财务指标，评估客户资本的价值；流程重心侧重于评估组织内部对信息等技术的有效运用；人力重心侧重于评估人力资源开发投入及其效果；革新和发展重心聚焦于对组织创新能力的评估
6	智慧资本雷达图	斯图尔特（Stewart）提出的智慧资本雷达图以市净率为总体计量指标，从人力资本、结构资本和客户资本三个维度，各精选三个计量指标进行披露，以便于企业管理层和投资者了解智慧资本现状及其变动轨迹

序号	非财务信息应用框架	主要内容
7	无形资源报告框架	世界智慧资本 / 智慧资产行动组织（WICI）于 2016 年发布的《无形资源报告框架》，将无形资源概括为人力资本、结构资本和关系资本，以叙述性信息与定量化信息相结合的方式，围绕价值创造机制，向利益攸关者披露智慧资本等无形资源及其与价值创造的关系。该框架包括企业的业务和价值创造概述、过去到现在的无形资源和价值创造、现在到将来的无形资源和价值创造三个部分
8	战略性资源与效果报告	列夫和谷丰将新经济企业价值创造驱动因素归纳为资源开发、战略性资源占有、资源维护、资源配置和价值创造等方面，并以定量与定性分析相结合的方式，提出了战略性资源与效果报告。战略性资源本质上与智慧资本的人力资本、结构资本和关系资本密切相关
9	智慧资本投入与产出表	巴鲁克·列夫（Baruch Lev）提出的智慧资本投入与产出表，基于创新能力、人力资源、客户资源、网络效应四个维度，分别从投入和产出端对智慧资本的投入产出效果进行信息披露

支持管理 – 决策的管理：
会计信息内容和实现手段

管理 – 决策信息支持

企业的管理围绕价值链展开，经典的价值链管理包括研发、采购、生产、销售、售后服务等管理环节。各价值链环节关注的决策信息不同，相应的管理会计报告内容也不同。

1. 研发环节管理会计信息支持决策

有研究表明，研发阶段决定了产品全生命周期成本的 80%，企业产品的研发活动包括产品规划、产品研究、技术开发和设计施工四个阶段。在当下共享经济背景下，企业应与客户共同研发产品，因此研发阶段以客户为导向、以市场定价为基础，确定目标价格。在产品研发阶段，相比对研发预算进行有效控制，管理会计人员需更多从事目标价格测算工作，将市场和客户能够接受的目标价格和目标成本融入企业研发、采购等各个环节，并在新产品正式上市前，对目标价格、目标成本进行充分的动态迭代更新。目标成本预估既要考虑引入新材料、新工艺、新流程等带来的影响，也要根据多年积累的成本信息、产品目标定价及产品盈利要求进行判断。

可见，研发阶段的管理会计报告以目标成本估算、成本分解为重点。

2. 采购环节管理会计信息支持决策

研发环节的目标成本在很大程度上依靠采购环节的成本管理进行控制和落实。采购环节的合格供应商管理、自制／外包决策、存货管理等都与企业价值链上的采购管理密切相关。采购环节目标成本执行差异的管理会计信息是重要的采购成本管理的内容。在采购环节强化供应商管理、供应链成本控制，是达成目标成本的关键之一。企业应根据研发环节确定的目标成本分解各部件的目标成本，并落实到采购环节的供应商谈判中，让供应商与本企业联合开展成本费用控制。生产材料的采购成本预算执行情况、采购付款进度等采购环节管理会计报告的信息应及时提供给采购部门，管理会计报告应对材料采购成本、付款进度等的差异进行预警、分析、纠偏。

3. 生产环节管理会计信息支持决策

在传统成本管理会计的体系下，企业的生产环节分析、成本控制和成本差异分析是重点。由于部门信息壁垒，研发、采购、生产部门之间成本管理信息的共享程度较低，企业也未站在全价值链成本管理的高度，从竞争战略出发，系统性谋划全生命周期成本管理。生产环节的成本管理依靠研发环节的目标成本、采购环节的采购成本控制，制定相应的生产预算，实施成本管控。同时，无论是标准成本法还是作业成本法，都需要结合生产环节的物料清单、领料信息、各种定额开展成本管控。生产环节的目标成本控制主要围绕材料领用、人工和间接费用的目标成本执行展开，在流程优化、作业标准建立、多维标准成本等基础上，对目标成本进行纠偏控制。

因此，生产环节的管理会计报告需要及时确认、计量产品成本费用，结合作业量指标和标准等非财务信息，分析和报告成本、费用的执行偏差率，查明偏差原因，发现浪费、消除浪费、发现价值、创造价值。

4. 销售环节管理会计信息支持决策

企业的销售活动是企业日常经营活动中最为重要的环节之一，销售环节是最终实现产品价值的重要环节。销售环节的市场差异数据、客户满意度、消费偏好等业务信息，对指导产品研发、企业产品结构调整、产品迭代升级、产品性价比设计都具有非常重要的参考价值。另外，企业在销售环节直接面对客户和市场，相关业务信息对制定销售策略、价格策略、商务谈判策略等都具有重要意义，这些业务信息在管理会计报告中加以整合、加工、报告后，对企业生产经营非常重要。另外，在签订并执行销售合同时，企业销售人员可以借助销售环节的管理会计报告信息，设计应收账款政策、货款结算方式等销售合同的商业条款，有效避免市场风险、应收账款风险。

5. 售后服务环节管理会计信息支持决策

企业在提供售后服务的过程当中会清晰地得到客户关于产品的反馈，这对于价值链上的研发、采购、生产、销售等环节都有独特的价值。企业往往较为忽视售后服务管理活动，但售后服务的质量与客户对企业的评价、企业产品的品牌、产品质量管理等都息息相关。深度挖掘售后服务环节的业务信息，对保证产品质量、及时交付和售后服务响应速度都有较大价值。企业应以客户满意度和客户黏性为重点，搭建售后服务工作的考核体系，制定相应的成本控制原则，在严格执行相应的售后服务收费标准的前提下，综合应用售后服务环节各种业务信息，为提升售后服务质量、提升企业产品的品牌价值、提升客户满意度和核心竞争力服务。

管理会计报告体系

企业的财务信息和非财务信息需要以一定的模式和形式进行加工、处理和报告。搭建符合自身需求的管理会计报告体系，需要明确管理会计报告体系的功能目标，确定管理会计报告体系的构建原则，了解管理会计报告体系的运行机制。

1. 管理会计报告体系的功能目标

区别于财务会计报告由会计准则加以规范，管理会计报告没有固定的格式，其往往根据管理需求，灵活选择报告格式和内容。管理会计人员需要通过管理会计报告，定期或不定期将财务信息与非财务信息，过去、当前和未来不同时期的信息，局部（分部、区域、项目等）信息与企业整体信息进行整理加工，并以一定的呈现方式报送给决策者。管理会计报告体系的功能目标主要如下。

一是管理会计报告反映企业战略管理情况。管理会计作为企业战略管理的重要手段和工具，其宗旨和核心目标是为实现企业战略服务。管理会计报告有利于企业管理会计人员参与管理决策、制定计划、制定绩效管理的系统、提供财务报告并帮助管理者制定并实施企业战略，因此管理会计具有服务发展战略的作用。管理会计报告为战略决策提供客观可靠的信息，保证企业各项决策的正确性。

二是管理会计报告反映企业运营管理情况。在企业制定计划、编制预算、服务战略落地过程中，决策方案的实施和经营目标的实现，有赖于严密的计划和控制。管理会计通过全面预算方式，确定实施方案的目标和步骤。在执行经营计划、实施控制的过程中，管理会计报告通过追踪企业经营活动的预算执行过程，归集实际经营活动中的各项数据资料，比较预算数据和实际数据，揭示差异、分析差异，发现问题、分析原因，帮助管理当局对预算实施过程进行控制，指导经营活动按年度经营目标推进。在进行绩效评价、实施激励机制过程中，管理会计报告可以通过预算与实际执行结果的比较，对企业各部门的工作绩效加以客观评价，运用激励机制以调动员工积极性。

三是管理会计报告整合财务信息和非财务信息，为企业管理决策提供支撑。管理会计信息包括财务信息和非财务信息。管理会计报告从信息上综合应用了财务信息和非财务信息。由于管理会计报告整合了非财务信息，因此管理信息具有较强的预测功能。管理会计信息系统中的财务信息是从财务信息系统中提取、加工形成的，管理会计信息系统以管理会计报告体系框架来确定非财务及相关信息的范围和内容，因此管理会计报告是这两个信息系统的纽带；同时，管理会计信息系统也以财务会计信息为基础，发挥管理预测功能。管理会计人员通过发挥自身数据收集、加工整理和数据分析的专长，依据管理会计报告体系确定的分析框架，有效地提供决策支持。

2. 管理会计报告体系的构建原则

管理会计报告体系从不同维度划分为不同的内容。

一是从价值链不同环节，管理会计报告分为采购活动管理会计报表、研发活动管理会计报表、生产活动管理会计报表、营销活动管理会计报表、售后服务活动管理会计报表。

二是按照关键成功因素，可将管理会计报告分为反映价值链不同环节战略落地相关的财务和非财务指标。例如营销环节，重要的非财务关键成功因素包括：客户集中度、客户黏性、不同业务板块市场占有率、客户盈利能力、客户咨询情况、新客户数量等。在企业管理会计报告体系构建实践中，往往需要将非财务指标与财务指标进行数据治理，寻找其中的关联关系，加工处理相关数据，构建满足不同管理需求的管理会计报告体系。

三是按照时间跨度，管理会计报告划分为周管理会计报表（比如资金管理报表、生产成本报表）、季度管理会计报表（比如季度预算执行情况分析）、年度管理会计报表（比如年度经营分析报表）、中长期管理会计报表（比如战略执行评估报表）。

四是按照数据资料的来源划分，管理会计报告可以分为内部管理会计信息表和外部管理会计相关信息表（比如宏观经济指标、行业对标信息）。

五是按照管理会计报告的呈现方式，管理会计报告可分为固定频率的管理会计报表（比如月度、季度、年度管理会计报表）和不定期管理会计报表（比如重大投资决策分析表和专项工作情况报表）。

3. 管理会计报告体系的运行机制

区别于财务会计报告体系主要依据会计准则和监管机构等要求确定其规则和内容，管理会计报告体系主要依靠单位内部管理需求驱动。由于传统财务人员受到满足外部利益相关者的会计准则体系、以实物资产为主要会计要素的会计核算制度、以经济利益最大化为目标的企业经营和理财观念，和以传统科层制、业财割裂为特征的企业财务管理体系的影响，管理会计、业财融合的思维在企业并未完全落地，实践中较为缺乏管理会计报告的应用基础，因此管理会计报告体系的推动和运行机制的建立，是一个长期和复杂的过程。管理会计报告体系需要顶层设计、系统推进、标杆示范、整体达标的闭环管理过程，因此企业中管理会计报告体系的运行机制具体包括以下内容。

一是顶层设计。 管理会计的应用是典型的一把手工程，需要企业最高管理层充分认识管理会计的必要性和紧迫性，并建立相应的管理会计报告体系以满足企业各级管理者的管理需求。在高层推动以及全员充分认识管理会计报告的重要性后，企业需要按照全价值链各环节的分析思路，搭建企业管理会计报告体系，从而确保管理会计报告的决策相关性和应用有效性。

二是系统推进。 由于需要整合财务信息和非财务信息，因此管理会计报告需要分步骤逐步推进、深化应用。首先在信息系统未完全具备支撑管理会计报告建设的情况下，可采用线下的方式，设计满足不同管理需求的管理会计报告，运行一段时间，积累一定经验后，再通过 ERP、MES 等系统，自动抓取信息，从信息输入、信息加工处理和信息输出等不同环节，提升管理会计报告的时效性和自动化水平。

三是标杆示范。 在充分挖掘企业内部管理会计报告应用需求的前提下，先选择一些相对简单、能快速满足经营层决策需求的管理会计报告，迅速推动其落地实施。充分发挥管理会计报告实践创新中的信号传递作用，对已取得成效的管理会计报告，进行广泛而深入的交流，重点介绍应用管理会计报告如何满足管理需求、如何针对性设计报告结构、如何实现自动化取数、如何保证决策质量等，从而带动企业内部不同事业部应用管理会计报告，促进管理会计报告在企业供、产、销、人、财、物等多方面全方位实施创新实践。

四是整体达标。 管理会计报告的各项创新最终需要固化到信息系统中，实现线上、线下结合，实时满足经营决策者的管理需求，有效支撑决策。因此，需要持续推进分阶段推动的管理会计报告创新，将各种表单模板植入信息系统中。企业需要在一定阶段、特定历史时期下，系统性地导入管理会计报告，实现对企业全价值链整体的决策信息支持。因此，管理会计报告的实践，需要整体达标的过程，从而持续提升各种报表的自动化程度、决策相关性和增强应用效果。

此外，管理会计报告体系需要扩展到外部营商环境信息、监管机构信息、社会责任信息等，不断拓展管理会计信息的内容维度；还需与企业商业模式创新结合、价值链上下游企业协同，推动其在更广范围的应用，并在履行企业的社会责任、提升治理能力等方面扩展其应用边界。

报告语言 XBRL

当今各国经济竞争的核心之一是关于标准和质量的竞争，标准化日益成为各行业实现高质量发展面临的重要课题。行业规范的标准化有利于行业数据质量的提升，而行业数据的标准化将有利于降低社会整体运行成本和交易成本。1998 年 4 月由美国注册会计师协会提出的可扩展商业报告语言（eXtensible Business Reporting Language，XBRL）成为不同行业数据标准化、信息化和提升数据质量的重要举措。

XBRL 是一种不局限于特定操作平台的开放性的国际标准，通过对商业数据实施标准定义，可以达到及时、准确、高效的数据处理结果，并实现经济的存储。经过近二十年的发展，XBRL 已经成为国际上金融监管、政府数据治理和企业内部控制等领域的主流形式。财务报告分类标准是 XBRL 技术的核心内容，相关应用直接影响了 XBRL 的推广和应用效果。美国、中国、日本、澳大利亚、英国、荷兰等国的政府机构和企业都非常重视分类标准的制定和应用，相关政府部门相继发布了符合自身特点的分类标准，采用强制或鼓励的方式要求企业应用 XBRL 格式的财务报告，获得 XBRL 国际组织认可的分类标准逐步增多。但实践中不同国家和组织的分类标准往往采用不同的架构，这也影响了 XBRL 的广泛适用性和推广，也与 XBRL 产生的初衷有一定背离。2007 年 10 月，由国际会计准则理事会、美国证券交易委员会和日本金融厅三方共同发起的"可互操作分类标准架构"项目，试图促进不同国家的不同架构进行趋同，这是保持 XBRL

通用性的有益尝试。

1. 我国推动 XBRL 发展的历程

我国高度重视并积极开展包括 XBRL 在内的会计信息化工作。2004 年 9 月，我国发布了《信息技术 会计核算软件数据接口》（GB/T 19581—2004），2005 年 1 月 1 日起在全国范围内实施；2006 年财政部开启了对 XBRL 项目的前期研究，我国对该项目的研究和应用进入高速发展时期，并逐渐与国际接轨；2008 年 11 月，财政部会同工业和信息化部、中国人民银行、审计署、国资委等九部委共同成立会计信息化委员会和 XBRL 中国地区组织，在 2010 年 5 月经过 XBRL 国际组织的批准后，我国正式成为 XBRL 地区组织成员；我国相继发布实施了会计准则和内部控制两大重点系统工程，2010 年 10 月国家标准化管理委员会发布了 XBRL 技术规范系列的国家标准，财政部发布了基于企业会计准则的 XBRL 通用分类标准，标志着我国迎来了以 XBRL 为先导的会计信息化时代，在我国会计信息化建设史上有里程碑意义。

2.XBRL 与我国会计信息化发展战略

2006 年 5 月，我国发布了《2006—2020 年国家信息化发展战略》，该文件指出"信息化是当今世界发展的大趋势，是推动经济社会变革的重要力量。大力推进信息化，是覆盖我国现代化建设全局的战略举措，是贯彻落实科学发展观、全面建设小康社会、构建社会主义和谐社会和建设创新型国家的迫切需要和必然选择"。

2009 年 4 月，财政部发布了《关于全面推进我国会计信息化工作的指导意见》（以下简称《指导意见》），指出全面推进会计信息化工作，是贯彻落实国家信息化发展战略的重要举措，对于全面提升我国会计工作水平具有十分重要的意义。《指导意见》指出我国会计信息化应以 XBRL 为核心，引领和带动全面会计信息化的发展和实现。XBRL 分类标准是会计信息化标准体系的重要组成部分。

《指导意见》中指出"各企事业单位在贯彻实施会计准则制度、内部控制规范制度并与全面信息化相结合的过程中，应当考虑 XBRL 分类标准等要求，以此为基础生成标准化财务报告和内部控制评价报告，满足不同信息使用者的需要"。

《指导意见》的主要目标如下。力争通过 5—10 年的努力，建立健全会计信息化法规体系和会计信息化标准体系，全力打造会计信息化人才队伍，基本实现大型企事业单位会计信息化和经营管理信息化融合，进一步提升企事业单位的管理水平和抵御风险的能力，做到数出一门、资源共享，便于使用者获取、分析和利用，并且可以据此进行投资和相关决策。大型会计师事务所对客户的财务报告和内部控制的审计基本实现以会计信息化为主导，提升了审计质量和效率。同时政府会计管理和监督的信息化，进一步提升政府会计的管理水平和监管能力。在全国各个行业内推动会计信息化的发展，使我国会计信息化与世界接轨。

《指导意见》发布后，财政部会计司以 XBRL 作为全面启动会计信息化的开端，会同有关方面确定了我国会计信息化的目标、内容、任务、工作方式、工作步骤和要求，以企业会计准则为主，形成系统的披露模板，在广泛征求各方意见的基础上，提取财务报告元素，整理完成了基于企业会计准则的 XBRL 通用分类标准（征求意见稿），再次向全社会征求意见。在经历了近两年的起草和修正后，最终发布的完整的 XBRL 通用分类标准，为我国 XBRL 的应用和全面会计信息化的发展奠定了扎实的基础。

3. XBRL 对推进我国会计信息化工作的意义

信息化程度关系到一个国家的发展水平和核心竞争力，各国逐渐认识到 XBRL 的重要性，对其推广应用也在逐渐增加力度。

XBRL 提升了社会精细化管理水平并给使用者带来了极大的便利，其使用者包括：企事业单位、投资者和债权人、会计中介机构、宏观经济管理部门和政府监管机构等。XBRL 对于企事业单位而言，能够较好地实现数据在财务系统和内部管理系统之间的交换，更好地实现财务报告和内部控制之间的融合，以会计为基础，根据内部管理的需求进行不断的完善和扩展，能够准确、高效地分析企业的运营状况，发现企业内部管理的薄弱环节，有助于提升企业管理水平、实现企业的现代化管理。XBRL 在信息的获取、加工和应用的速度上得到很大的提升，对投资者和债权人等个人而言，可以及时、快速地形成所需要的各类信息，这大大降低了信息获取和使用的成本。传统的信息管理机构通过人工输入企业信息形成庞大且昂贵的数据库，不仅差错率高而且不能进行扩展，导致使用者在分析和应用会计信息时受到很大的限制。XBRL 推出后，在数据的获取和应用上都变得更加方便，同时成本也大大降低，可以更加深入地分析大量的企业数据，降低投资风险、提升决策能力。XBRL 已经成为投资者、债权人进行信贷决策的重要技术支撑。

对于会计师事务所而言，XBRL 对传统会计中介机构从事审计以及相关业务产生了颠覆性影响。被审计的客户在广泛使用 XBRL 之后，可以大幅度提升审计信息的获取效率；但是注册会计师需要考虑 XBRL 数据生成过程中的合规性，这会使会计师事务所面临的审计环境发生重大改变。更重要的是，在审计过程中应用 XBRL，对现有的审计业务流程形成重塑，以往对客户信息系统繁杂的提取过程将会被极大简化，审计师能够将更多的精力放在对客户业务和财务状况的分析上，这将大大提高审计的附加值和审计工作的信息化水平。对于宏观经济管理部门而言，借助 XBRL 技术可以对企事业单位和会计中介机构进行深度分析，可以从宏观上掌握和检测经济运行的状况，更加科学高效地分析和判断经济运行中存在的问题，以便快速、高效地采取措施，同时可以为制定宏观经济政策提供科学合理的依据。

战略层（董事会）决策信息需求

管理会计如何支持董事会决策？随着我国资本市场的迅猛发展，上市企业越来越多，企业董事会的治理运作和决策也正在不断制度化。在这个过程中，管理会计研究如何从单一支持经营层的决策转入支持董事会决策层的决策已成为理论界和实务界共同关注的重要问题。管理会计要实现新突破，需要在管理会计系统建设中充分考虑董事会决策的需求，包括董事战略管理决策（战略规划和战略监控）、高管人员的激励薪酬制度设计和实施决策、内部控制和风险管理所需的重要内部报告等内容。

基于战略层、经营层与作业层搭建管理会计报告体系，有效满足各个决策主体的决策信息需求是管理会计报告的核心内容。

企业管理会计报告分为战略层、经营层与作业层的理论和实践依据包括：从组织理论来看，将组织划分层级进行管理是现代组织实现管理有效性的前提；从系统论来看，结构层次上清晰分明是任何复杂的系统实现有效运转和发挥整体功能的保障；从企业管理实践来看，大多数成功的大型企业都以卓越的运营管理为标准，卓越的运营管理需要组织各层级之间实现高效的管理信息交互，而企业中财务信息和非财务信息的整合应用，有赖于管理会计报告，企业组织层级与企业管理会计报告中的层级相互对应，与企业整体管理系统的高效运营紧密联系。因此，企业管理会计报告体系按照报告主体分为战略层（高层）、经营层（中层）、作业层（基层），管理会计报告也据此划分为战略层管理会计报告、经营层管理会计报告、作业层管理会计报告。

　　1965 年创立的安东尼模型（Anthony Model）将制造型企业经营管理活动分为战略规划层、战术决策层和业务处理层。但当下企业管理实践中，战略层、经营层、作业层是无法与企业内部的组织架构完全一一对应的。无论是大型企业集团、中型企业还是小型企业都需要结合自身管理实践和组织架构现状，确定符合自身实践的战略层、经营层和作业层。另外，战略层、经营层和作业层是否有必要清晰地划分，也主要依据管理实践的需求。过分清晰的分层也可能制约企业的创新。因此，战略层、经营层和作业层只是作为管理需要而虚拟存在的，和企业的组织架构并不能直接挂钩。至于战略层、经营层和作业层所需的企业管理会计报告的内容，除了可以参考管理会计应用指引所列举的以外，还需要做深入的需求调研来确定，同时根据内外环境的变化适时调整和更新。

战略层管理会计信息需求

　　根据企业经营活动的具体类型，战略层管理会计报告具体包括以下内容。

　　一是战略分析报告。战略分析报告的内容包括：基于企业自身面临的风险、可利用资源及历史经营情况等战略规划进行的影响分析，即内部价值链分析；关注外部利益相关者及宏观经济发展态势进行的外部价值链分析，具体包括竞争对手、经销商、供应商、客户群体以及宏观政策、自然资源、法律、技术、经济等外部环境因素的分析；制定集团总体战略目标与年度（或短期）发展目标，并使其与可利用资源相匹配。

　　二是战略执行报告。集团总体战略目标由战略层确定后，下属分/子公司及职能部门具体实施和落实逐级分解的行动计划。一方面，各职能部门战略目标及执行方案需要基于总体战略目标来制定，合理设定预测值和目标值，并形成具体化的包含财务与非财务的战略考核指标体系；另一方面，充分基于集团的可利用资源进行关键指标目标值的设定，提高双方匹配度，确保战略举措与权、责、利相匹配。

　　三是战略评价报告。企业总部层面通常从内外部环境适应性、战略目标完成情况、战略风险接受程度、资源配置有效性等方面进行战略评价。而分／子公司与各事业部则更多从预设目标的实际执行等方面开展评价，并分析战略目标未实现的原因。战略评价报告主要包括：战略分解、执行是否具有重大风险；是否存在持续性或临时性波动的偏差；是否发生无法预期的重大外部环境变化。在此基础上，针对性提出持续改进建议，从而确保战略目标的顺利实现。

绩效管理会计信息需求

　　绩效管理报告对企业的经营绩效与资产状况予以全面反映，是根据绩效管理执行结果编制的报告。战略层绩效管理报告方面，比如集团企业绩效评价和激励管理等问题主要由薪酬委员会负责，并在各分／子公司和事业部下设绩效管理机构，以财务绩效评价作为战略层绩效评价的重中之重。特定期间的合并财务报表及附注是集团财务绩效的评价依据，以财务会计报告的形式对集团的经营、财务及现金流量等会计信息进行综合反映，是财务维度评价的主要方式。同时，管理层对下属单位经营做出的评价也要纳入战略层绩效管理报告中，积极挖掘各分／子公司及职能部门存在的增值空间，提高整体的持续盈利能力。

社会责任报告信息需求

　　利益相关者的契约集合体是企业的本质，企业也是价值创造与社会责任履行的统一体，社会责任在价值创造过程中的作用越发重要，利益相关者为企业发展提供多元化的资源，企业也需要对其承担一定的责任，并在社会责任报告中体现。首先，企业要履行对股东和债权人的经济责任。作为最重要的利益相关者，股东和债权人对借款本息及利息到期偿还、企业治理及股利回报等方面的信息格外关注。所以，企业在价值链视角下设计管理会计报告体系，需要积极维护股东和债权人的知情权，将回购股预案、股利分配方案等纳入披露范围。其次，集团对员工的履责情况表现为：参与企业治理、创造良好的企业文化氛围、提供晋升机会与职业培训、提供安全生产保障、制定良好的薪酬福利政策。最后，集团对客户的履责情况表现为：满足客户个性化需求，在"为客户创造价值"思想指导下提供优质产品和售后服务。另外，社会责任报告信息需求还有：坚持合作共赢理念，健全采购和招标制度，维护稳定的供应商关系，深化供应商管理机制，推动供应商产品和服务质量的改进；主动接受政府管理和监督，依法纳税、依法诚信经营，加大环保及公益事业方面的投入，助力可持续发展。

经营层（高管层）管理信息需求

经营层管理会计报告主要包括预计未来现金流量报告、预计利润表、预计资产负债表、销售预算报告、生产预算报告、产品成本预算报告、销售与管理费用预算报告等。经营层管理会计报告是保证企业资源获得最佳生产率与获利率的有效依据，在决策方案已经明确的前提下，在企业内部就需要按照既定的方案进行全面预算，即经营层管理会计报告应该以反映全面预算的信息为编制基础。

全面预算管理信息需求

全面预算管理作为现代企业成熟与发展的标准化管理系统，是企业内部管理控制的一种主要方法。全面预算对企业内部各部门、各单位的各种财务及非财务资源进行分配、考核、控制，以便有效地组织和协调企业的生产经营活动。全面预算报告主要包括以下内容。**一是业务预算报告**。业务预算主要是指研发、生产、采购、销售等涉及集团日常事项的系列预算，是全面预算的基础，也是驱动财务预算的根本原因。业务预算报告的编制需要以"基于战略目标和内部价值链"为指导进行。各部门应严格按照总部制定的流程编制业务预算报告。**二是专门决策预算报告**。专门决策预算报告由战略层根据投融资活动及利益分配等特定决策编制，价值链视角下的管理会计报告体系也包含专项投融资分析报告的编制，以应对非定期、非常规重大投融资事项，便于后续管理活动的进一步开展。**三是财务预算**

报告。财务预算与资产负债预算、现金流量预算、利润预算相对应，通过预算指标综合反映预算期内企业经营活动情况。财务预算这一综合预算是在汇总收入、现金、成本、费用等明细后得出的，是专门决策预算和业务预算双驱动的结果。

投融资管理信息需求

为确保资金利用水平提高并合理管理企业营运资金，投融资管理模块的设计需要遵循风险匹配原则，使其与企业的发展战略相符合。投融资管理信息需求的主要内容如下。**一是投资管理报告**。投资管理报告包括投资实现程度、绩效评价、投资后评价，反映企业投资管理的实施情况。**二是融资管理报告**。融资决策与融资管理分析是融资管理报告所包含的重点内容，融资管理报告主要由财务部门编制，重点涵盖融资规模测算、程序、潜在风险、机构选择、还款计划等，主要应用于拟融资项目。资金筹集完毕后，企业需要进一步对融资目标实现程度、融资效益、持续能力等进行分析，并提出融资管理评价或建议。

经营绩效管理信息需求

经营绩效管理报告是以一定的期间与业务范围为基础，通过分析不同经营方案给企业带来的损益来进行决策的报告，其重点是确定不同经营方案的相关收入和相关成本。企业各分/子公司和事业部独立经营、独立核算、自成系统，具有独立的产品与市场，依据特定会计期间个别财务报表及附注所进行经营绩效评价。价值链视角下，客户群体、供应商是经营绩效管理的重要节点，所以经营绩效管理报告将客户和供应商关系的管理作为重要内容，并将竞争企业纳入评价维度，以提高管理会计报告体系的全面性与综合性。

业务层（中层、基层）管理信息需求

责任中心管理会计信息需求

按照企业责任中心责权范围履行责任，责任中心管理会计报告体系可以具体分为成本中心管理会计报告、利润中心管理会计报告和投资中心管理会计报告。

对成本中心而言，由于它承担着控制成本、降低成本的责任，成本中心管理会计报告需要反映可控成本责任预算的分解和执行情况，在报告中需对预算数与实际数之间的差异进行相应的分析。

对利润中心而言，由于它既需要对成本负责，同时还需要对收入与利润负责，因此，利润中心管理会计报告应该对成本的预算数与实际数、收入的预算数与实际数进行分析比较，同时分析和考核收入、成本、利润等指标具体的完成情况，在此过程中及时发现利润中心出现的各种偏差及问题，并采取相应的有效措施及时纠正偏差、解决问题。

对投资中心而言，它不仅需要对收入、成本、利润进行反映、负责，还要对投资的效果进行反映。因此，投资中心管理会计报告不仅需要列示收入、成本、利润等指标的预算数、实际数、差异（包括差异额与差异率），还需要列示资产周转率、销售利润率、投资报酬率与剩余收益率等指标的预算数、实际数、差异，并分析原因，提供改善建议。

成本管理会计信息需求

价值链视角下，企业需在产品全生命周期开展成本管理活动，包括成本预测与决策、控制、核算、分析及考核等，成本管理贯穿企业运营全过程。由于管理层级不同，成本管理报告也存在一定差异。集团总部成本管理报告主要包括：分析分 / 子公司及各职能部门运营总成本，分析期间费用及主业盈利情况，从战略层面分析成本预算与差异，提出成本管理建议等；分 / 子公司及各事业部成本管理报告主要包括：经营单位成本预算情况分析，分 / 子公司及下属职能部门的期间费用与成本核算、盈利分析与成本改进；职能部门成本管理报告的主要内容包括：单项成本预算与核算，研发、采购、物流、销售、售后、质量等情况，该类报告所提供的信息具有一定的全面性和综合性。

＜经典案例＞

战略、管理仅靠几张表 [1]

京东的用人理念是：价值观第一，能力第二。这个几乎所有人都知道，京东用人先看价值观，价值观不同，能力越强的越不敢用。

京东运行多年，战略决策、组织运营、企业管理等，都化成表格展现。甚至可以说，京东所有的决策、运营，都可体现为表格。

京东是追求简单的公司，把管理理念和原则，从战略到执行，都予以表格化。这些表格简单到不能再简单，所有员工都要了解清楚。这些表格代表了团队的智慧。

---

[1] 资料来源：东方出版社于 2017 年出版的《我的创业史》，本书由刘强东口述、方兴东访谈与点评、刘伟整理。

战略模型

京东追求简单，图 2-1 是京东商城在 2004 年年底制定的一个战略模型，京东所有的战略决策都没有脱离这个模型。

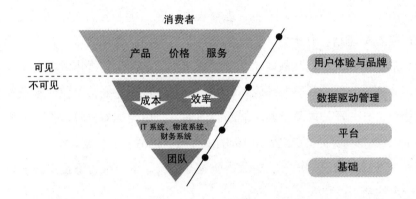

图 2-1　京东商城的战略模型

团队是基础层、根基层；上面一层是平台层，也叫系统层，公司最核心的三个系统为 IT 系统、物流系统和财务系统；最上面一层是用户层。

团队直属于上面三个最重要的系统，即 IT 系统（信息系统）、物流系统和财务系统。在这三个系统都能实时动态地看到数据，所以是公司最核心的部分。

京东所有的业务部门都是围绕 IT 系统开展工作的，它引领京东的营销和采购行为。

信息系统能够接收网上订单，连接所有的钱（京东每一分钱跟信息系统都是相连的）。

京东每一天、每一个站、每一个配送员，多一分钱少一分钱，都是可以在系统中拿到报告的。

京东跟供货商结算，以及京东的每一分钱，都是 IT 系统管理的。

京东的每一件物，都是 IT 系统管理的，包括京东的固定资产。

京东的每个笔记本，或者每一把牙刷，放在库房的哪个货架上的第几层，或者放在哪个格子里面，在 IT 系统里也都能看到。

所以在客户那里，京东的资金、京东的物、京东的人、京东的每个员工的工作（京东只有清洁工在信息系统之外，他只需要每天早晚考勤通过），都是以 IT 系统为基础开展工作的。

京东的每一个打包员，打完包都要扫描一下，告诉 IT 系统这是我打包的。

这样一来，就这一个动作京东就能知道，这个打包员一个月下来，使用了公司多少胶带。

京东的纸箱有 1~6 号不同的规格，京东的系统可以算出来客户的这个订单该用什么样规格的纸箱打包更为合适。

比如本来用 3 号纸箱能完成，但你却用 4 号纸箱打包——用更大的纸箱打包，对于这个打包员来讲是有好处的。为什么？因为打包更快，他可以拿到更多提成。但是对于公司来说是浪费钱了，因为你要有更多的填充物，去把那个缝隙填满。所以箱子越大，打包员打包越快，箱子越小，打包员还要通过摆放去调整，这样才能把货恰好放进去。

所以从京东的 IT 系统里面能够得到很多东西。

这三个系统就像一座城市的基础设施一样。

城市的道路合不合理，决定了将来会不会堵车；下水道好不好，决定了暴雨时会不会水淹城市。这三个系统就是京东的基础设施。

客户在京东内部并不是狭义的——网上的消费者，供应商和卖家也是京东的客户。

京东商城战略模型的倒三角的体系支撑了三类客户共同的发展。

上面的产品、价格、服务，靠着底下三个层面来支撑。

最核心的是团队，先打造团队，再打造三个系统，三个系统好不好就看三个系统的成本能不能降低、效率能不能提升，成本、效率有了保证之后，才有资格去讲用户体验。

能力、价值观体系

京东选人、用人、留人、升职、加薪、辞退主要就看能力、价值观体系，如图 2-2 所示。

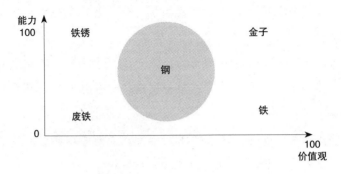

图 2-2　能力、价值观体系

　　把考核指标分为两个维度量化，都从 0 分到 100 分，一条是能力线，另一条是价值观线。

　　能力当然好解释，就是你做事情的潜力，或者能量大小，或者你的绩效，或者你的业绩等。价值观的评判标准就是跟我的价值观匹配度是多少。

　　一家公司近 80% 的员工是"钢"，是公司支柱。

　　最优秀的就是公司的高管，能力跟价值观都是最好的，是公司的主干力量。

　　为什么说"钢"和"金子"大致是二八的比例比较好？金子不是越多越好吗？

　　不是的。公司的资源是有限的，现金收入、股票都是有限的，当公司"金子"太多的时候，没什么资源留下这部分人。

　　很多初创公司，一路狂奔，培养了大量人才出来，然后公司一上市，很多员工就离职了。

　　这说明这家公司有大量新人培养出来了，"金子"太多了，可公司资源养不了这么多"金子"，所以"金子"走了。

　　当"金子"不够的时候，比如近 99% 是"钢"，只有近 1% 的"金子"时，那就惨了，这说明公司核心骨干、领头羊少，这家公司的业务容易出问题、容易出事，这时你会发现公司离职率也特别高。

你如果发现一家公司的离职率很高，往往是这个公司"金子"的比例不足造成的，因为离职率是跟管理者的个人魅力和领导力密切相关的。

在同样的待遇、同样的办公环境、同样的企业激励计划下，你会发现一个优秀的管理者团队的离职率就是低于低效管理者团队。

比如京东的库房，可能分为五个打包小组，有五个打包主管，条件、待遇、体征等都一样，但是你会发现五个组的离职率不一样。

这实际上跟打包主管的能力有关系。

能力很强的主管，其下属特别有干劲，没人愿意走，对未来充满着希望。

能力很强的主管会不断给下属培训，教下属技巧，与下属共同提升，然后自己在升职中也不断推荐人，使其将来能够成为公司的主管。

所以当"金子"的比例远远低于20%时，会导致公司中普通员工的离职率很高。

人事权 ABC

人事权 ABC 的结构如图 2-3 所示。C 上面有 B，B 上面有 A。招聘 C 时，必须 A 和 B 同时同意，C 的升职、加薪、辞退、开除等一切事务也都要 A 和 B 意见一致，不允许单方决定；为了避免一个人说了算，还要有人力资源（HR）参与。

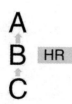

图 2-3　人事权 ABC

HR 没有权利给 C 升职、加薪或进行辞退，没有提名权，只有审核权。对 C 的提名都是 A 和 B 一起，A 不可以跳过 B 给 C 加薪和升职。

AB 模式可避免公司单一员工决定人员去留的情况。

京东还有一张关于"财权 ABC"的表。

随着公司扩张，当员工数量达到一万人以上的时候，京东开始制定规则了。

比如 2010 年，有一次京东开月度沟通会，高管抱怨，有些文件最多一次需要八九个人签字，供应商跟京东结一次账，光签字就签了两三天。

这可真不行，最后制定了"财权 ABC"原则。

C 所有的支出，比如 100 万元，根据签字人的权限，找上级 B 和 A。A、B 加上财务人员共三个人，任何一笔支出，哪怕 5 亿元的支出，三个人签字就可以了，从此简单多了。

团队管理的几个原则

关于团队管理，京东有几个原则。

（1）8150 原则，如图 2-4 所示。

任何一个管理人员，最少必须管 8 个人，以减少公司的管理层级。

很多公司一个高层副级人物（Vice President，VP）管着两个总监，一个总监要管两个高级经理。在京东，把两个总监直接省略，四个高级经理直接向 VP 汇报。

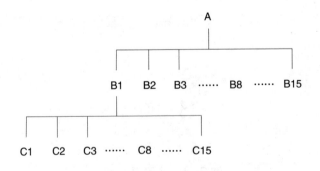

图 2-4　8150 原则

超过 15 个人才可以拆分。

任何管理人员手下不能少于 8 个人，少于 8 个人就不需要你了，把你撤掉，让你上面的人直接管你下面的人，减少管理层级。50 是最基层的管理人员下辖统一工种，超过 50 人才可以设立另外的管理人员。比如打包员，一个打包主管必须管 50 个人，只有超过 50 个人才可以增加两个打包主管，因为工种比较单一，没必要设置太多的主管。慢慢地，人多了之后，发现好多人开始光发号施令不干活了。

原来一个 VP 就管两个总监，一个总监管两个高级经理，一个高级经理管两个经理，一个经理管两个主管……每个层级就管两个人，很轻松。不如把总监、高级经理两层都去掉，一个 VP 管 8 个经理得了。

这样就解决了公司的管理层级问题，避免管理层太多、决策链条太长、组织效率太低的问题。

（2）一拖二原则。

每一个新来的管理人员从原单位最多带 2 个人过来，防止形成帮派。如果带的人多怎么办？也欢迎，去别的部门。这是从实践中得来的。

有一次京东发现某个部门来了一个总监，从传统行业来的，他工作了一段时间发现挺好，又从原公司带了 13 个人来，基本上把他原单位的那个部门全搬来了。

这个总监的业绩很好，但是这个部门一直就是维持那么多人，新人都进不去。

这不行，得把这个部门的人分到别的部门去，不服从的全开除。宁愿这个部门瘫痪两年，也不允许拉帮结派。

如果京东发现有人"三观"不正，就立马让其走人，即使之后部门瘫痪三个月，公司也不在乎这三个月。很多公司是一个部门来一个头儿，带了很多原部门的人。等这个头儿走的时候，发现这些人都走了。这样是非常可怕的，走的时候损失也很大，这在京东不可以。

（3）24 小时决策原则。

管理人员收到任何一个请示，必须在 24 小时之内给下属清晰明确的回答，好还是不好，或者别的指示。

绝对不允许说"再考虑考虑"之类的话。

可以考虑，但不能超过 24 小时。

这个原则是怎么来的呢？

很多人出了事之后，追根溯源，发现事情往往是卡在了某一个员工那里。

员工的解释是：我当时在开一个会，开会之前我收到邮件并读了邮件，可着急开会来不及回邮件，开完会之后我又忘了。

归根结底就是没有及时给下属做出指示，导致后来出事了。

所以现在要求所有上级在收到下级请示时，必须在 24 小时之内明确地给出答复，而且不能是含糊的答复。

（4）备份原则。

如果某员工升职了，两年之内他必须找人接替其原来的工作，也就是找到指定的、公司认可的人员做后备，如果两年之内找不到人，就要被辞退。

公司提供升职的机会，但如果没有后备，对不起，就升不了职。

这是确保公司必须有人员备份，不会因为一个高管人员的离职使业务瘫痪。

很多人说，有替补人员也害怕，因为很容易被替代。在京东，没有谁是绝对安全的。

如果说这家公司业绩非常糟糕的话，我是有股票言语权的，但是我没有非要做这个公司的 CEO，每个人要为公司考虑。

（5）"不"原则。

只有两种情况不能说"不"：第一种是没有事实或数据能够证明别人的需求是不正确的；第二种是有利于用户体验提升的。

（6）333 原则。

汇报不允许超过 3 页 PPT，开会不允许超过 30 分钟，同一个议题的讨论不允许超过 3 次。

京东只有"能力、价值观体系"是借鉴 GE（美国通用电气公司）的，其实那是 GE 的一个管理框架。

京东的管理体系都是靠自己从实践中总结来的，绝对没有抄袭别人。

＜问题讨论＞

（1）你认为文中所说的"能力、价值观体系""人事权 ABC"属于管理会计报告吗？请说明理由。

（2）管理表格、管理会计表格存在什么异同？

（3）总经理和各业务部门管理人员，一定需要应用可视化和简洁化特点的数据表格，但是他们未必以会计视角阅读数据。对此，财务人员应该怎样考虑并有效应对？

第 3 章 〉〉

管理会计报告设计

扫码即可观看
本章微视频课程

➤ 从一个案例讲起

中国兵器装备集团公司（以下简称"兵装集团"）是 1999 年由中国兵器工业总公司改组而成的大型企业集团。从 2012 年起，兵装集团系统性导**入十大管理会计工具，管理会计报告是其中之一。**

管理会计报告根据财务和业务的基础信息加工整理形成，满足企业价值管理和决策支持需要。兵装集团根据自身以及其下属成员企业的管理会计实践经验与案例进行总结，按照可推广的原则，对管理会计报告的通用性内容进行提炼。

企业的管理会计报告应参考组织层级划分，对应确定各层次的管理重点和信息需求，根据各个层级管理重点和信息需求差异确定相应管理会计报告的核心内容和重点。在集团统一制定的《管理会计手册》中，将管理会计报告按照**战略决策、经营管理、业务控制**三个层面进行划分，并分别进行管理会计报告管理模型列示。考虑到在实际操作中，层级边界有时模糊，加之部分信息存在层级交叉，所以在实际使用中，建议各企业根据报告时间节点、报告目的、受众范围等具体因素，进行适当的调整，以更加契合实际需求。

兵装集团的管理会计报告分为三类：战略决策型管理会计报告、经营管理型管理会计报告、业务控制型管理会计报告。

穿透本质：管理会计报告的设计原则、分类、编制流程

管理会计报告的设计原则

内部报告指标体系的设计，应当与全面预算管理相结合，并随着环境和业务的变化不断进行修订和完善。设计内部报告指标体系时，应当关注企业成本费用预算的执行情况。

企业应当制定严密的内部报告流程，充分利用信息技术，强化内部报告信息集成和共享，将内部报告纳入企业统一信息平台，构建科学的内部报告网络体系。

企业各级管理人员应当充分利用内部报告管理和指导企业的生产经营活动，及时反映全面预算执行情况，协调企业内部相关部门和各单位的运营进度，严格绩效考核和责任追究，确保企业实现发展目标。

管理会计报告的分类

管理会计报告按照使用者所处的管理层级，可分为战略层管理会计报告、经营层管理会计报告、业务层管理会计报告；按照管理会计报告内容，可分为综合管理会计报告和专项管理会计报告；按照管理会计功能，可分为管理规划报告、管理决策报告、管理控制报告和管理评价报告；按照责任中心，可分为投资中心报告、利润中心报告和成本中心报告；按照报告

主体整体性程度，可分为整体报告和分部报告。其中第一种分类最为常见，以下内容以第一种分类为主进行介绍。

典型的企业组织和内部管理都被层级化或结构化，不同的管理结构和管理层级需要不同的决策、管理信息，这种信息需求差异从根本上决定了管理会计报告的针对性和层级。按照美国斯隆管理学院提出的经营管理层次结构（安东尼结构），把经营管理分成三个层次，即战略规划层、战术计划层和运行管理层。

战略规划层： 从企业根本利益出发，考虑企业全局性、战略性、方向性的问题，战略规划层的决策关乎企业兴衰成败。**战术计划层：** 在战略、方针既定的情况下，拟定、制定和选择对应实施方案。步骤和程序，进行相应的分配和调整，对企业经营活动进行控制和评价。**运行管理层：** 组织或个人是企业日常经营活动和具体工作任务的执行单元，涉及范围较窄，只对企业产生局部影响。

就大型企业集团来说，也可以基本比照"安东尼结构"进行相应分类。比如，在组织层级上，分为战略规划层（主要应包括集团公司、集团公司各专业公司）、战术计划层（主要包括各独立经营的企业主体）、运行管理层（主要包括企业内部的研发、采购、制造、营销等部门或分厂／车间）。但是由于实际经营管理中组织机构和管理职能的重叠和交叉，这种对管理会计报告组织层级的分类并不完全绝对，它更多提供一种参考，提示管理会计报告的编制应充分考虑使用者及其信息需求的差异。

管理会计报告的编制流程

管理会计报告的有效运用，要有相应的流程和机制保证，从使用者需求出发，建立管理会计报告信息需求的"收集—编制—使用—反馈"机制。

1. 确定报告主题和报告目的

报告主题与报告目的是对报告信息需求的前瞻性分析，企业应明确报告受众、信息内容，并进一步确定信息范围、信息来源，同时相应选择或确定报告形式。报告主题与报告目的的确定，可以增强报告的针对性和有效性，降低不必要报告产生的可能性。这是管理会计报告要解决的首要问题。

2. 信息收集、分析和整理

这是管理会计报告编制的核心环节。管理会计报告实质上就是围绕报告主题和报告目的，针对特定的对象和范围，收集所需信息，并进行编制的过程。这个过程需要企业建立内外部重要信息的收集机制，需要有相应的组织职能加以明确和保证。

3. 信息传递

信息传递是连接信息提供者和信息使用者的过程，信息传递的有效和及时对管理会计报告作用的发挥有重要作用。企业应建立相应的制度，来明确报告的适用范围，明确相应的分工和权限，确保信息传递流程清晰，提高流转效率。

4. 报告使用

管理会计报告的最终目的在于使用报告，支撑决策，反馈或取得反馈信息。管理会计报告的使用既包括受众收到、理解管理会计报告信息，也包括管理会计报告涉及主体（事项）通过管理会计报告进行相应的调整。

5. 档案管理

管理会计报告（包括纸质介质形式、电子信息形式）应建立类似财务报告的档案管理机制，纳入财务档案体系。档案管理目的：一是便于管理会计报告的查阅、对比分析和改善，提高管理会计报告的有用性；二是企业内部的运营情况、技术水平、财务状况以及有关重大事项等通常涉及商业秘密，这些内部信息泄露可能导致企业的商业秘密被竞争对手获知，使企业处于被动境地，甚至造成重大损失。

角色不同，管理会计报告不同：
基层、中层的关注要点

运营管理报告

1. 年度经营指标完成情况表

指标名称根据集团下达和上级专业公司下达的年度经营责任书填列。

年度经营指标完成情况表主要从上级布置的重点工作和本公司重点工作进行列示，体现重点工作的实际完成进度与计划完成进度的差异，分析重点工作实际完成率与计划完成或者上级下达的重点工作完成指标的差异，找出原因，缩小差异。年度经营指标完成情况表示例如表 3-1 所示。

表 3-1　年度经营指标完成情况表

序号	指标名称	单位	年度目标	本期完成	本期同比	本年累计完成	年度目标完成率	累计同比
1	经济增加值							
2	净利润							
3	成本费用占营业收入比重							
4	流动资产周转率							
5	带息负债率							
6	工业全员劳动生产率							
7	科技投入产出比率							
8	经营现金净流量							
9	资产负债率							

2. 关键绩效指标（KPI）分解表

KPI 是年度经营指标及重点工作的分解，企业应组织内部各职能部门和责任中心（分 / 子公司、事业部）对年度经营指标及重点工作进行分解落实，制定可量化的指标体系，设计 KPI 体系，将年度经营指标及重点工作落实到各职能部门和责任中心。填列部门是 KPI 的责任部门，不同价值链环节和运营管理方面对应的责任部门或责任中心负责填列对应报表中 KPI 的执行情况，企业应根据本企业业务结构和组织架构确定价值链环节和运营管理方面的具体内容。以某部门为例，KPI 分解表示例如表 3-2 所示。

表 3-2 KPI 分解表

平衡计分卡四个维度	战略目标及 KPI
财务维度	F1：利润总额
	F2：净资产收益率
	F3：提高成本控制能力，优化成本结构
	F4：提高现金能力
	……
业务流程维度	P1：制造与物流，以精益制造为核心，提高物流效率
	P2：投资与资本，效益优先，投资合适，风险可控
	P3：产品、研发和技术
	P4：质量三年达到合资水平
	P5：物资保供率
	P6：产品准时到达率
	……
客户维度	C1：客户服务，提升客户满意度
	C2：销售计划满足率、计划变动率
	C3：渠道覆盖率
	C4：优秀经销商占比
	C5：产品满意度

续表

平衡计分卡四个维度	战略目标及 KPI
客户维度	C6：产品准时到达率
	C7：一次修复率
	……
学习与成长维度	……

3. 市场 / 客户价值分析表

编制目的：让企业了解客户对各类产品的价值情况。

构成：市场 / 客户名称、产品类别，销量、收入、毛利的金额（数量）和占比等。

市场 / 客户价值分析表示例如表 3-3 所示。

表 3-3　市场 / 客户价值分析表

序号	市场 / 客户名称	产品类别	销量		收入		毛利	
			数量	占比	金额	占比	金额	占比
1								
2								
3								
……								
合计								

盈利能力分析

主要从公司客户变化导致的产品增减对公司销量、毛利、单位产品毛利、单位产品边际利润的影响等几个方面对公司产品盈利能力进行对比分析。产品盈利能力分析表如表 3-4 所示。

表 3-4　产品盈利能力分析表

产品名称	销量			毛利			单位产品毛利			单位产品边际利润		
	本年	上年	同比	本年	上年	同比	本年	上年	同比	本年	上年	同比
产品一												
产品二												
产品三												
......												

1. 营业业务计划

编制目的：让企业了解产品总体和不同品类营业业务预算。

构成：销量、销售均价及总销售收入等的上年预测数、本年年预算数、同比增速（％）、预算依据等。

营业业务计划示例如表 3-5 所示。

表 3-5　营业业务计划

预算假设		上年预测数	本年年预算数	同比增速（％）	预算依据
产品大类 1	销量				
	销售均价				
产品大类 2	销量				
	销售均价				
......					
预算结果	总销售收入				

2. 各板块经营性利润、非经营性利润分析表

编制目的：让企业了解各板块的经营状况。

构成：各板块的经营性利润和非经营性利润。

填报说明：本级企业（合并）相关指标包括本部及下属企业情况；下级企业（合并）相关指标包括下级企业和下下级企业情况；下下级企业（合

并）相关指标包括下下级企业和其子公司的情况。

各板块经营性利润、非经营性利润分析表示例如表 3-6 所示。

表 3-6　各板块经营性利润、非经营性利润分析表

板块	经营性利润			非经营性利润		
	本年同期	上半年	同比增减率	本年同期	上半年	同比增减率
集团公司						
特种装备企业						
摩托车部						
民品部						

3. 非经营性损益分析表

编制目的：让企业了解与经营业务无直接关系的收支预算。

构成：其他收益、对联营企业和合营企业的投资收益、公允价值变动收益、资产处置收益、营业外收入、营业外支出等的上年数、本年预算数、增减率（％）等。

非经营性损益分析表示例如表 3-7 所示。

表 3-7　非经营性损益分析表

项目	上年数	本年预算数	增减率（％）
其他收益			
投资收益			
其中：对联营企业和合营企业的投资收益			
公允价值变动收益（损失以"－"号填列）			
资产处置收益（损失以"－"号填列）			
营业外收入			
营业外支出			

成本费用分析

1. 研发费用分析表

编制目的：让企业了解研发投入规划。

构成：资本化项目、费用化项目、科技投入、研发投入、科研项目、年度信息化经费支出总额等的项目数量、投资概算/预算、实际完成投资金额、本年预算数等。

研发费用分析表示例如表 3-8 所示。

表 3-8　研发费用分析表

	项目数量	投资概算/预算	实际完成投资金额	本年预算数
资本化项目（无形资产）				
费用化项目				
科技投入				
研发投入				
科研项目				
年度信息化经费支出总额				
合计				

2. 期间费用比较分析表

编制目的：便于企业对期间费用进行分析控制。

构成：管理费用、销售费用、财务费用的全年预算值、本期数、本年累计发生额、本年累计预算完成率、本年累计同比变动率、本年占收入比、行业标杆值和备注等。

期间费用比较分析表示例如表 3-9 所示。

表 3-9　期间费用比较分析表

序号	项目	全年预算值	本期数	本年累计			占收入比		备注
				发生额	预算完成率	同比变动率	本年（%）	行业标杆值（%）	
1	管理费用								
2	销售费用								
3	财务费用								
	合计								

3. 固定成本分析表

编制目的：便于企业了解固定成本发生情况。

构成：折旧、固定人工等的年初预算值，当期实际发生值、同比、环比，累计实际发生值、同比和完成预算值等。

固定成本分析表示例如表 3-10 所示。

表 3-10　固定成本分析表

序号	项目	年初预算值	当期			累计		
			实际	同比	环比	实际	同比	完成预算值
	合计							
1	折旧							
2	固定人工							
……	……							

4. 人力资源成本分析表

编制目的：便于企业了解人力资源成本情况。

构成：期末从业人数、期末职工人数、生产人员人数、科技人员人数、人工成本总额、工资性费用、人均营业利润、人均创收等的年度预算、本期实际、本年累计实际发生额、本年累计预算完成率、上年同期、同比增减额、同比增减率等。

人力资源成本分析表示例如表 3-11 所示。

表 3-11 人力资源成本分析表

序号	项目	计量单位	年度预算	本期实际	本年累计		上年同期累计比较		
					实际发生额	预算完成率	上年同期	同比增减额	同比增减率
1	期末从业人数	人							
2	期末职工人数	人							
3	其中：管理人员人数	人							
4	生产人员人数	人							
5	其中：辅助生产人员人数	人							
6	科技人员人数	人							
7	人工成本总额	万元							
8	其中：工资总额	万元							
9	工资性费用	万元							
10	人均营业利润	万元							
11	人均创收	万元							

注：人均营业利润＝营业利润÷从业人数；人均创收＝营业收入÷从业人数。

角色不同，管理会计报告不同：
高层的关注重点

战略管理报表

1. 未来三年战略规划目标

编制目的：让企业及时了解未来三年战略规划目标。

构成：营业收入、利润总额、经营利润、经济增加值、归属母公司净利润、成本费用占比、销售利润率、资产负债率、工资总额、全员劳动生产率、体系能力建设、质量指标、科技投入及产出等的 N 期、（ $N+1$ ）期、（ $N+2$ ）期值。

填报要求如下。（1）文字描述本企业战略远景。（2）表内数据根据公司年度战略研讨会确定，每年只在年报时填列一次。本年度比上年度增长 10% 以上的指标或者本年度比上年度降低的指标，需说明原因，对指标值影响重大的业务板块需重点说明。（3） N 代表当期。

未来三年战略规划目标示例如表 3-12 所示。

表 3-12　未来三年战略规划目标

项目	N	$N+1$	$N+2$
营业收入			
利润总额			
经营利润			

续表

项目	N	N+1	N+2
经济增加值			
归属母公司净利润			
成本费用占比			
销售利润率			
资产负债率			
工资总额			
全员劳动生产率			
体系能力建设			
质量指标			
科技投入及产出			

2. 战略目标完成情况表

编制目的：让企业了解战略目标完成情况。

构成：营业收入、利润总额、资产负债率、净资产收益率、亏损面控制、国有资本保值增值率、研发投入占比、新产品产值率、人事费用率、从业人数、每万名职工中研发人员数占比和海外业务及出口占比等的年度目标值、季度完成值和评价等。

战略目标完成情况表示例如表 3-13 所示。

表 3-13　战略目标完成情况表

序号	指标		单位	年度目标值	季度完成值	评价
1		营业收入	亿元			
2		利润总额	亿元			
3	目标	资产负债率	%			
4		净资产收益率	%			
5		亏损面控制	%			
6	国有资本保值增值率		%			
7	研发投入占比		%			

续表

序号	指标	单位	年度目标值	季度完成值	评价
8	新产品产值率	%			
9	人事费用率	%			
10	从业人数	万人			
11	每万名职工中研发人员数	人			
12	海外业务及出口占比	%			

年度运营报表

1. 年度指标预测表

编制目的：让企业对全年各产品销量、收入、利润预测与目标进行对比分析。

构成：销量合计及各细分产品销量、销售收入、利润总额等的年度目标、本期累计、下期到期末预测、全年预测和全年目标完成率等数据。

年度指标预测表示例如表 3-14 所示。

表 3-14　年度指标预测表

序号		单位	年度目标	（1到N）月累计	（N+1到12）月预测	全年预测	全年目标完成率
一	销量合计						
1	产品1						
2	产品2						
……	……						
二	销售收入						
三	利润总额						

2. 预算指标完成情况表

编制目的：让企业了解企业预算目标的完成程度。

构成：各项财务指标与非财务指标的预算值、本期完成、累计完成、累计完成率、本期同比和累计同比等。

预算指标完成情况表示例如表 3-15 所示。

表 3-15　预算指标完成情况表

指标大类	指标	预算值	本期完成	累计完成	累计完成率	本期同比	累计同比
财务指标	指标 1						
	指标 2						
	……						
非财务指标	指标 1						
	指标 2						
	……						

风险管理报表

重大风险评估表

编制目的：便于企业对各类风险事件进行预测、评估和应对。

构成：经营风险、财务风险等风险事项的发生概率、预计损失、原因分析、应对措施等。

填报说明：（1）根据集团公司审计监察部组织各单位填报的《××××年全面风险评估问卷》结果，列示风险事件发生可能打分在 4 分以上（含 4 分）的风险种类和风险事件；（2）列示单位年度决算审计报告的管理建议书、任期经济责任审计和离任审计等审计工作中发现的问题；（3）列示总会计师独立事项报告；（4）列示集团相关职能部门专项检查和常规检查发现的问题；（5）列示重组、改革改制过程中发现的重大风险问题。

重大风险评估表示例如表 3-16 所示。

表 3-16　重大风险评估表

序号	项目	风险事件	发生概率	预计损失	原因分析	应对措施
一	经营风险	事件 1				
		事件 2				
		……				
		小计				
二	财务风险	事件 1				
		事件 2				
		……				
		小计				
三	……					

本表的编制目的是从偿债能力、盈利能力、营运能力、发展能力四个方面分析企业的整体情况。构成的表头包括指标大类、指标、行业较差、行业平均值、行业优秀、本期实际值等，纵坐标分为偿债能力、盈利能力、营运能力、发展能力这四大指标。企业四大能力指标示例如表 3-17 所示。

表 3-17　企业四大能力指标

指标大类	指标	行业较差	行业平均值	行业优秀	本期实际值
偿债能力指标	资产负债率				
	带息负债率				
	现金比率				
	产权比率				
盈利能力指标	总资产收益率				
	净资产收益率				
	期间费用占比				
	成本费用占比				
	产品综合毛利率				

续表

指标大类	指标	行业较差	行业平均值	行业优秀	本期实际值
营运能力指标	总资产周转率				
	存货周转率				
	流动资产周转率				
	应收账款周转率				
发展能力指标	销售收入增长率				
	总资产增长率				
	营业利率增长率				
	国有资本保值增值率				

注："行业较差"即与行业平均水平相比较差，在企业对标管理中有一定对标价值。

角色不同，管理会计报告不同：
董事会、股东大会的关注要点

税息折旧及摊销前利润

税息折旧及摊销前利润（Earnings Before Interest，Taxes，Depreciation and Amortization，EBITDA），即未计利息、税项、折旧及摊销的利润。EBITDA 被私人资本公司广泛使用，用以计算公司经营业绩。EBITDA 是很有意义的，意义在于：在营运资金净需求不变的情况下，经营性现金净流入也就等于 EBITDA。企业可以利用这笔资金（约等于 EBITDA）来偿付利息。

EBITDA 是一种利润衡量指标。目前，国内的会计准则和上市公司财报披露指引虽然没有强制规定上市公司必须披露 EBITDA，但根据公司财务报表中的数据和信息，投资者和分析员可以很容易计算出公司的 EBITDA。营业利润、所得税和利息支出这三项会在利润表和财务报表附注中出现，折旧和摊销两项通常在财务报表附注或者现金流量表中可以找到。计算 EBITDA 的捷径是先找到营业利润，不过，和境外公司披露的营业利润（通常也称 EBIT，即息税前利润）不同，境内公司的营业利润是减掉财务费用后的，所以要先把财务费用加回营业利润后，再把折旧和摊销两项费用加回，得出 EBITDA。EBITDA 测算表如表 3-18 所示。

表 3-18　EBITDA 测算表

序号	项目	总计		产品目录			
				A 产品		B 产品	
		本年实际	上年同期	本年实际	上年同期	本年实际	上年同期
1	主营业务收入						
2	销量						
3	单价						
4	减：与产销相关的变动成本						
5	其中：直接材料						
6	直接人工						
7	燃料动力费						
8	废品损失						
9	专用工装						
10	外协加工						
11	辅助材料						
12	直接相关的其他制造费用						
13	边际利润						
14	减：固定成本						
15	其中：成本中的固定薪酬						
16	折旧						
17	备件						
18	其他固定的制造费用						
19	毛利						
20	减：直接相关的销售费用及税金						
21	其中：运费						
22	仓储费						
23	三包费						
24	税金及附加						
25	其他与销售直接相关的销售费用						

续表

序号	项目	总计		产品目录			
				A 产品		B 产品	
		本年实际	上年同期	本年实际	上年同期	本年实际	上年同期
26	减：固定期间费用						
27	其中：期间费用中的薪酬						
28	折旧						
29	摊销						
30	研发支出						
31	其他固定的管理费用						
32	与销量无关的除薪酬、折旧外的其他销售费用						
33	财务费用						
34	其中：利息支出						
35	扣除成本费用后的利润						
36	加：其他业务收入						
37	投资收益						
38	营业外收入						
39	其他收入项目						
40	减：其他业务支出						
41	营业外支出						
42	其他支出项目						
43	利润总额						
44	所得税						
45	净利润						
46	成本费用调整值						
47	成本费用调整值占比						
48	边际利润率						
49	EBITDA						
50	EBITDA 率						

经济增加值

　　经济增加值（Economic Value Added，EVA），是指净利润扣除资本成本（包括债务成本和股本成本）之后剩余的利润。EVA 用简单的公式和通俗的语言，诠释了一个经济概念——剩余收益。

　　EVA 分析通过对 EVA 的计算、比较和分析，对企业价值创造能力进行评价和判断，经过敏感性分析找到影响 EVA 的关键项目和敏感性因素，对创造和破坏价值的因素和原因进行分析，制订 EVA 目标和提升措施。常见的 EVA 报告如下。

　　分析 EVA 常用 EVA 价值驱动分析表。

　　编制目的：让企业了解提升企业价值的驱动因素。

　　构成：收入、成本费用、利润、流动资产、应收账款、存货等指标。

　　EVA 价值驱动分析表示例如图 3-1 所示。

序号	项目						上期	本期	同比
	1	2	3	4	5	6	7	8	
1					主营业务利润	主营业务收入			
2						主营业务成本			
3					/ /	税金及附加			
4				营业利润 +	其他业务利润	其他业务收入			
5					/ /	其他业务成本			
6			净利润	-	期间费用	管理费用			
7		税后净营业利润				销售费用			
8			/ /		/ /	财务费用			
9				+ 非营业利润		营业外收支净额			
10		/ /				投资收益			
11					/ /	其他			
12				- 所得税		所得税			
13			+	调整因素 ×（1-25%）		研究开发费用调整数			
14						非经常性收益调整数			
15					/ /	利息支出			
16					流动资产	货币资金			
17						存货			
18	EVA					应收票据			
19	/ /					应收账款			
20						预付账款			
21						其他应收款			
22					/ /	其他			
23					非流动资产	固定资产			
24		-资本成本	资本占用	资本占用 +		在建工程			
25						无形资产			
26						其他			
27					无息流动负债	应付票据			
28						应付账款			
29				-		预收账款			
30						其他应付款			
31						其他			
32				调整因素	在建工程	在建工程			
33									
34		× 资本成本率							

图 3-1　EVA 价值驱动分析表

EVA 价值驱动分析表运用 EVA 价值驱动的运动机理，改变传统的通过计算调整净利润、负债和所有者权益来计算 EVA 的方式，从影响 EVA 的关键驱动因素出发，层层分解 EVA 的影响因素，使企业领导能很直观地理解 EVA 的来源，找到 EVA 的增长点和问题点，为领导决策提供参考依据。

价值管理评估

价值管理评估主要从财务指标和非财务指标的同比变动评估公司的价值创造能力。价值管理评估的指标应涵盖公司从采购到销售全价值链的各项能力，找出可改善的指标，实现公司价值最大化的终极目标。

价值管理评估常用价值创造评估表。

编制目的：让企业了解推动价值创造的决策变量的变动情况。

构成：劳动生产率、人事费用率、新品贡献率、科技投入占比、市场占有率、客户保持率、销售增长率、售后服务成本占比、物资保供率、采购降本率、产能利用率、计划完成率、万元固定资产创收、股权投资收益、EVA 增长率、成本费用占比、资产收益率、流动资产周转率、财务杠杆等各类财务和非财务指标的本期、上年同期、同比变动率等数据。

价值创造评估表示例如表 3-19 所示。

表 3-19　价值创造评估表

指标类型	范围	指标名称	本期	上年同期	同比变动率
非财务指标	人力资源	劳动生产率			
		人事费用率			
	研发	新品贡献率			
		科技投入占比			
	销售	市场占有率			
		客户保持率			
		销售增长率			

指标类型	范围	指标名称	本期	上年同期	同比变动率
财务指标	销售	售后服务成本占比			
	采购	物资保供率			
		采购降本率			
	生产	产能利用率			
		计划完成率			
	投资	万元固定资产创收			
		股权投资收益			
	财务	EVA 增长率			
		成本费用占比			
		资产收益率			
		流动资产周转率			
		财务杠杆			

重大投融资报表

1. 固定资产投资预算表

编制目的：让企业了解固定资产投资计划安排。

构成：续建项目、新建项目、拟新增项目、小型技术措施等的建设投资合计、预算年度投资计划（形象进度）合计、前期投资实施计划及完成情况、本年现金支出投资额、本年投资计划现金支出来源及备注等。

固定资产投资预算表示例如表 3-20 所示。

表 3-20　固定资产投资预算表

项目类别	建设投资合计	预算年度投资计划（形象进度）合计	前期投资实施计划及完成情况	本年现金支出投资额	本年投资计划现金支出来源	备注
续建项目						
新建项目						

项目类别	建设投资合计	预算年度投资计划（形象进度）合计	前期投资实施计划及完成情况	本年现金支出投资额	本年投资计划现金支出来源	备注
拟新增项目						
小型技术措施						

2. 股权投资预算表

编制目的：让企业了解股权投资计划安排。

构成：拟新增项目、结转项目等的我方出 / 增 / 投资额、本年度预算投资额和备注（合并范围）等。

股权投资预算表示例如表 3-21 所示。

表 3-21　股权投资预算表

项目类别	我方出 / 增 / 投资额		本年度预算投资额		备注（合并范围）
	合计	其中货币资金	合计	其中货币资金	
拟新增项目					
结转项目					

3. 投资资本回报率表

编制目的：让企业衡量投资资本的使用效果。

构成：投资资本收益率、税后经营净利率、净经营资产周转率等的上年全年、本期、本年累计和环比变动、同比变动等数据。

投资资本回报率表示例如表 3-22 所示。

表 3-22　投资资本回报率表

指标	上年全年	本期	本年累计	环比变动（百分点/次）	同比变动（百分点 / 次）
投资资本收益率					
税后经营净利率					

指标	上年全年	本期	本年累计	环比变动 （百分点/次）	同比变动 （百分点 / 次）
净经营资产周转率					

4. 重大融资预算表

编制目的：重大融资预算表是为了满足企业股权融资、债券融资等融资需求，做好融资管理的预算管理报表。

构成：横坐标包括上年实际、本年预算，其中本年预算分为每个季度和每个月的具体预算数据。

重大融资预算表示例如表 3-23 所示。

表 3-23 重大融资预算表

项目 细分项目	上年 实际 —	本年 预算 —	第一 季度				……	第四 季度			
			1 月	2 月	3 月	合计	……	10 月	11 月	12 月	合计
1. 股权融资							……				
期初余额							……				
本期增加							……				
本期收回							……				
期末余额							……				
2. 债权融资							……				
期初余额							……				
本期增加							……				
本期减少							……				
期末余额							……				
3. 银行贷款							……				

续表

项目	上年实际	本年预算	第一季度				……	第四季度			
细分项目	一	一	1月	2月	3月	合计	……	10月	11月	12月	合计
（1）长期贷款							……				
期初余额							……				
本期贷入							……				
本期还贷							……				
其中：偿还本金							……				
偿还利息							……				
长期贷款增加净额							……				
期末余额							……				
其中：一年内到期的长期贷款							……				
（2）短期贷款							……				
期初余额							……				
本期贷入							……				
本期还贷							……				
其中：偿还本金							……				
偿还利息							……				
短期贷款增加净额							……				
期末余额							……				
4.银行承兑汇票							……				
期初余额							……				
增加承兑							……				

续表

项目	上年实际	本年预算	第一季度				......	第四季度			
细分项目	一	一	1月	2月	3月	合计	......	10月	11月	12月	合计
存入保证金							......				
到期兑付							......				
到期保证金							......				
期末余额							......				

< 经典案例 >

兵装集团的体系化管理会计报告

企业及管理会计体系简介

中国兵器装备集团公司（以下简称"兵装集团"）是 1999 年由中国兵器工业总公司改组而成的大型企业集团。经过多年的艰苦奋斗，兵装集团实现了由求生存向求发展的战略转变，成为我国最具活力的军民结合特大型军工集团之一，形成了"2+4"的产业布局：特种产品、汽车、输变电、装备制造、光电信息、金融服务。

从 2010 年开始，兵装集团从主要追求速度、规模向主要追求质量、效益转变，兵装集团提出"211"发展战略，即六年两步走，利润翻两番，营业收入翻一番，人均收入翻一番。这一时期，财务工作的重点是提升集团的价值创造能力。基于管理会计服务战略落地、提高经营效益和助力价值创造的功能，兵装集团从战略需求出发，通过认真调查研究，决定开展管理会计体系建设。在系统性总结兵装集团前期管理会计实践的基础上，兵装集团财务团队以"服务战略、融合业务、支持决策、管控风险"为导向，采用"选工具、定方案、编手册、树典型、渐推广"的一套做法，经过导入准备期、试点推广期、分类实施期、完善提升期四个阶段的建设，到 2015 年初步建成了体系完善、内容丰富的集团管理会计体系。

兵装集团管理会计报告体系

2012年兵装集团系统性导入十大管理会计工具，其中之一就是管理会计报告。兵装集团管理会计报告体系如图 3-2 所示。

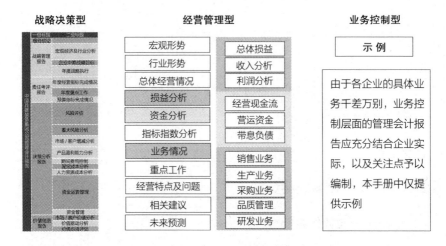

注：经营管理型中，业务情况仅是代表性列举，企业可根据实际，对业务报告进行细化。

图 3-2　兵装集团管理会计报告体系

1. 战略决策型管理会计报告

战略决策型管理会计报告适用于集团管控型企业集团或具有相似特征的部分企业，其关注的重点是战略方向、产品产业布局、重大投资、重大风险以及集团或产业盈利能力。

战略决策型管理会计报告应包括宏观经济形势、行业形势、总体经营情况、主要产品发展、重点项目（工作）情况、经营特点及问题总结、相关建议、未来预测等方面。

战略决策型管理会计报告的结构如下。

（1）战略管理报告。

（2）责任考评报告。

（3）决策分析报告。

（4）价值创造报告。

2. 经营管理型管理会计报告

经营管理型管理会计报告适用于各公司及其子公司或者具有公司性质的独立经营的事业部等经济实体，其关注的重点是公司产品、产业规划、产品产业生命周期、产品盈利能力、成本竞争能力、资金安全、其他财务风险，以及生产、销售、采购、品质、研发等业务管控。

经营管理型管理会计报告应包括行业形势、主要经营情况、损益情况、利润增减、主要业务、主要特点及问题提示、相关建议、业务改善计划、未来预测等方面的内容。

经营管理型管理会计报告的结构如下。

1. 宏观形势

2. 主要产品（产业）行业形势

3. 总体情况分析

4. 损益分析

　4.1 增减利分析

　4.2 产品边利分析

　4.3 固定成本费用分析

　4.4 成本管理情况

5. 经营现金流分析

6. 营运资金分析

7. 带息负债分析

8. 财务指标指数

9. 业务分析

　9.1 销售业务

　9.2 生产业务

　9.3 采购业务

　9.4 品质业务

　9.5 研发业务

9.6 其他说明

10. 重点项目（工作）情况

11. 子业务单元情况

12. 经营特点、问题总结及相关建议

13. 业务改善计划及未来预测

　　13.1 业务改善计划

　　13.2 未来预测

3. 业务控制型管理会计报告

　　业务控制型管理会计报告适用于各公司（企业）内部的研发、采购、制造、营销等部门或分厂（车间）以及职能部门。其关注的重点是对专门业务的计划、实施与控制，对专门业务实施与计划的偏差的修正，对专门业务实施中问题的反映与解决。

　　业务控制型管理会计报告应包括业务背景及计划情况、费用预算情况、业务实施进度、业务重点评价指标、业务问题点及改善、业务实施偏差及修正、业务效益、业务结果与计划的匹配等方面。

　　业务控制型管理会计报告框架示例如下。

　　示例 1：营销管理报告。

　　1. 营销主要指标完成情况

　　该部分主要描述公司对营销工作的主要工作指标的完成情况，包括但不限于：销量、销售收入、市场份额、大客户数量、新增客户数量、销售收款、成品库存量、销售费用、销售价格（降低/增长率）等。

　　2. 营销重点工作完成情况

　　该部分主要描述公司营销重点工作任务的完成情况，包括但不限于：新产品推广、新市场的占领、新客户的开拓、重点管理提升项目等。

　　3. 营销分析

　　3.1 市场分析

　　该部分主要包括但不限于：产品市场整体情况、市场主要产品细分分析、市场区域细分分析、TOP 分析、主要竞争对手分析等。

3.2 大客户分析

该部分主要包括但不限于：大客户情况、大客户销售、大客户产品及市场、大客户盈利能力评价等

3.3 公司营销表现

该部分主要包括但不限于：公司市场竞争力表现（如市场占有率、市场排名、主要客户占有率等情况）、公司产品细分目标市场表现、公司产品分类（分区域）表现、公司产品价格表现等。

3.4 公司营销策略分析

该部分主要包括但不限于：公司主要营销策略、营销方式选择、主要实施区域（客户）、营销费用情况、实施效果，可以细分区域、产品、目标客户进行分析。

3.5 问题分析

4. 未来预测及下一步工作

4.1 未来市场预测

4.2 工作重点（方向）

4.3 主要工作措施

示例 2：人力资源管理报告。

1. 人力资源总体情况

该部分主要描述公司人力资源的总体情况，包括但不限于：用工规模、劳动效率、人工成本等。

2. 人力资源管理重点工作完成情况

2.1 公司用工规模与劳动效率分析

2.2 公司组织架构情况

2.3 公司用工结构分析

2.4 核心团队建设

2.5 公司薪酬情况分析

2.6 员工招聘

2.7　员工培训

3.目前业务运行情况及人力资源存在的突出问题

4.下期重点工作目标和措施

兵装集团管理会计报告探索的启示。

管理会计报告是促进管理会计应用的直观展示。管理会计报告是反映企业经济运行和内部管理的平台，是检验企业管理会计工作推进质量的有效方式，也是衡量企业业务和财务融合程度的主要标杆，它可以直接展示出企业管理会计应用水平和效果。兵装集团2015年启动的全集团管理会计报告（包括战略管理报告、责任考评报告、决策分析报告和价值创造报告四部分），以及各成员单位根据管理会计应用指引编制的本企业经营层和业务控制层的管理会计报告，都是为集团经营决策层和各级管理者提供决策信息的展示平台。

＜问题讨论＞

（1）管理会计报告设计的关键点是什么？

（2）管理分析中，如何将管理会计报告与财务会计报告相衔接？

（3）有了管理会计报告体系作为管理和决策支持基础，是否还需要单独设计管理会计报表？

下篇 ≫ 共享服务与管理会计报告

目前在会计／财务、审计领域，新概念层出不穷。凡学术界研讨会、专业界论坛，几乎必谈信息技术、人工智能、大数据、云平台、智能财务、数字化转型等；还有更为简练的概念——大智移云（大数据、智能化、移动互联网、云计算），强调大数据、云计算等与物联网相联系的技术。

不管怎样的表达，会计／财务、审计实践中面对的现实专业环境，已经充满数字化时代色彩。譬如会计实务中的借、贷账务处理，将成为过去式；传统的记账、算账和报账，已经能通过专业软件在计算机系统自动完成；纸质记账凭证、账簿和报表，将更替为大数据系统内的电子介质形式；企事业单位的会计／财务生态，必将发生或主动或被动的转型。又譬如，基于信息技术的共享服务中心、业务管控平台，引致传统的会计／财务部门许多功能即使不被取代，也必将改变，对会计／财务人才的素质和胜任能力提出新挑战。再譬如，审计业务流程前期的"审计抽样"，其必要性将被重新审视，财务信息系统乃至区块链技术迅速普及应用，传统审计流程中为判断审计风险而设计实施的抽样预判，很可能让审计抽样不如以往那么重要。

在数字化时代与会计／财务转型之间，需要某种介质作为中介。这个介质，就是共享服务平台（Shared Services Platform，SSP）。在企业组织体系里，共享服务平台具体表现为共享服务中心（Shared Services Center，SSC）。

从已经很普遍的企业实践看，共享服务中心基于数据库信息技术，建立和运行模式主要有两种：其一，以业务平台为轴心；其二，以财务部门为轴心。前者多见于主营业务明确的新经济类企业，后者多见于大而全的传统产业类企业。从管理实践中的运行效果看，两者各有特点、各具长短。以业务平台为轴心的共享服务中心，启动于业务信息系统（ERP），先天性有利于业务互联，但是比较离散，在资源效率，尤其财务资源效率的综合分析评价方面偏弱。而以财务部门为轴心的共享服务中心，数据架构整体性强，有利于综合财务效果评价；但是以会计规则、财务报告和信息披露规则为主线的数据整体，或多或少脱节于业务体系的运营管理和供应链协调。

这里有必要强调，"共享服务中心"理念和功能，绝不是"中心"的机构职能，而在于两个关键：共享、服务。共享，说的是大数据不是满足某些特定需求，而是满足所有部门对大数据的需求。共享数据是共同资源，是全企业的公共资源。服务，说的是大数据并非共享服务中心"为我所有"式的占据（你来找我要，我有什么你用什么，甚至我愿意给你什么就给你什么），而是主动积极地发挥服务和支持功能。

共享服务中心提供什么样的服务呢？分为对外和对内两大类。

对企业外部，共享服务中心服务于财务报表 / 报告编报、税务筹划、公开信息披露、其他各种社会需求等。比如，会计 / 财务部门得以将基础核算等简单作业予以集中，提升会计核算效率，巩固财务会计基础，精简财务会计队伍，让更多的财务人员集中于分析型财务和战略型财务工作。

对企业内部，共享服务中心服务于管理会计报告、内部控制、管理者和员工绩效评价、企业市场运营决策、公司治理、物流供应链、人力资源管理、法律事务、业财融合等。比如，基于流程再造和 IT 系统整合，共享服务中心可助力企业战略一体化，实现会计 / 财务助力企业增加价值的目标。显然，共享服务中心的管理会计功能，尚处在初级阶段，未来空间广阔，有待持续探索。

必须强调一点：共享服务中心作为独立机构的定位和宗旨，应该是"需求导向"，而非"供给导向"。就是说，共享服务中心必须主动了解企业各部门对大数据的需求，主动提供满足企业运营和管理需求的信息产品，并持续优化大数据体系，从而实现企业整体对数字化时代的适应和与时俱进。

通过结构化、体系化并及时提供的管理会计报告，对企业管理和决策提供信息支持，是共享服务中心诸多功能中的基础功能。

4

管控服务型共享服务中心

➤ 从一个案例讲起 [①]

中国交通建设股份有限公司（以下简称"中国交建"）是全球领先的特大型基础设施综合服务商。中国交建管理会计报告探索如下。

第一，根据管理需求设置管理会计报告主体。管理会计报告主要服务单位内部管理需求，需要无限贴近管理需求，不受会计准则约束。报告主体不一定是法人，中国交建发展阶段不同，生产组织结构在变化，目前成立了六个事业部，包括海外事业部、港航疏浚事业部等。这些事业部不是独立法人，没有财务会计报告的填报和报送任务，组织结构的变化主要是为了实施发展战略和开拓市场。因此，中国交建管理会计报告主体是根据管理需要而设计的，比如业务类型、各事业部、各区域总部等都是管理会计报告的主体，这样可以实现多维度盈利分析。

第二，管理会计报告的可视化探索。纸质版管理会计报告有很多固有弊端，比如内容多、不宜携带、数据无法穿透查询。为满足不同层级管理者对管理会计报告的需求，提高及时性，中国交建在管理会计信息化平台上开发了手机战略地图，把每个区域的业务都通过数据云的模式编程，管理者通过手机点击便可随时查阅。手机战略地图能对管理会计报告形成可视化展示。

第三，通过开发财务模型有效支持决策。中国交建在管理会计报告平台上，结合历史数据、对标数据和业务模型，开发中交建财务模型。该模型对投资、经营、融资等经营数据进行测算，反映企业未来的投入产出和资源配置情况和趋势，有效支持决策。

---

① 资料来源：根据第五期中国管理会计沙龙中，中国交建的发言交流和沙龙中其他嘉宾的发言内容汇总整理。

企业经营数据的心脏：共享服务中心

什么是共享服务中心

　　共享服务中心的主要职责之一，是为支撑管理会计报告实现信息化的共享服务平台，提供管理和决策所需的信息产品。

　　财务共享中心聚集的是企业财务方面的信息和数据，共享服务中心则纳入企业的业务数据，实现业财信息一体化。也就是说，共享服务中心实质上拥有和管理着企业几乎全部的内部经营数据，在此基础上辅以互联网数据和企业内部的物联网数据，构成企业整体数据中心，如图4-1所示。

图 4-1　企业整体数据中心

共享服务中心的三种运行模式

目前主流企业的共享服务中心，主要采取成本中心、模拟法人和独立法人三种运行模式。

成本中心模式下，共享服务中心作为集团公司的一个职能部门，隶属于集团财务部或者与集团财务部相对独立，不独立核算收入和成本。

模拟法人模式下，在集团公司内部，共享服务中心是一个相对特殊的部门或者事业部，共享服务中心的收入、成本和利润等关键经营指标由内部结算体系支撑，内部模拟核算，自负盈亏。

独立法人模式下，共享服务中心作为独立的公司存在，共享服务中心的组织架构和业务流程完全按照独立公司进行设计和运行。

三种共享服务中心的运行模式各有优点。

成本中心模式的优点包括：与集团财务部的协同性强。

模拟法人模式的优点包括：共享服务中心兼顾集团信息获取的便利性和独立运营的规范性，投入资源和成果输出可量化、与集团公司的协同性强。

独立法人模式的优点包括：共享服务中心具有经营自主权和战略发展主动性，能提供完整的信息治理解决方案，选址和人员配备的适应性强。

三种共享服务中心的运行模式也各有缺点。

成本中心模式的缺点包括：共享服务中心与集团财务部之间的责任边界较难划分、员工的精益化考核难度较大等。

模拟法人模式的缺点包括：共享服务中心投入成本和信息产品定价的公允性不强、集团公司对共享服务中心的定位与共享服务中心本身的发展可能存在掣肘。

独立法人模式的缺点包括：共享服务中心建设难度大。

综上所述，共享服务中心的运行模式是共享服务中心不同建设阶段的集中体现，三种共享服务中心的运行模式各有利弊，需要结合公司治理模式、战略规划、发展阶段、信息化水平、财务转型阶段，进行综合判断，合理选择。

层层进阶：共享服务
中心的五级成熟度模型

目前国内众多大型集团企业在不同层面建立和运行着财务共享中心，尤其建筑、金融及制造等行业，已实施财务共享中心的集团企业占比很高。

纵观我国企业财务共享的多年实践，财务共享在企业的应用模式与企业管理实际状况、信息化应用情况有密切关系。企业并不是一味地建立独立的服务型财务共享中心，建立财务共享中心是一个循序渐进与持续优化的过程。在业内人士看来，技术本身是不断迭代的，用户的需求也在随着新时代的出现而不断地改变，财务共享也不例外。对财务共享的不断诠释和定义，是集团企业财务领域的不断创新和与时俱进的表现。如今，以管控服务型财务共享为核心的新财务，在财务职能上与以往相比有五大转变：第一，从重结果到重过程；第二，从重管控到管控与服务并重；第三，从格式报告到智能决策；第四，从业务监督到战略指导；第五，从业务记录到价值创造。换句话说，财务管理进入了新的历史时代，财务共享中心的实施使得集团企业的战略和财务、业务与财务相融合，为集团企业提供了更为相关的、实时共享的精细化信息，从而为企业财务转型以及可持续地创造价值奠定了良好的基础。

我国企业财务共享多年的应用实践促进了管控服务型财务共享的持续优化，五级成熟度的财务共享模型也应运而生，即核算共享、报账共享、标准财务共享、业财一体化财务共享、全面共享，如图 4-2 所示。

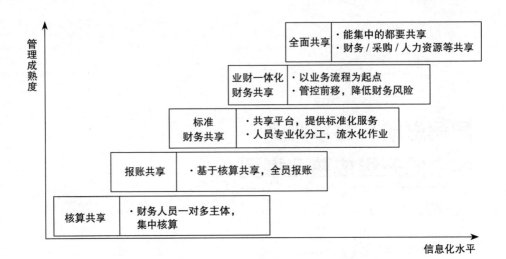

图4-2 管控服务型财务共享五级成熟度模型

核算共享

管控服务型财务共享五级成熟度模型中，核算共享的应用最为广泛。核算共享模式的本质是将企业的财务人员共享，由一个财务人员处理多主体的日常财务工作，从而解决财务人员成本投入过大的问题。具体来讲，核算共享就是将集团企业下属的多个公司或者子公司在会计核算、账务处理等方面集中到总部的财务组织后进行统一核算和处理。

核算共享的建设通过互联网技术将集团企业下属的公司进行集中与整合，提供标准化、流程化以及高效率的会计核算共享服务。

在这个模型中，由集团的管理者授权总部的财务人员，通过电算化系统进行集中记账。核算共享中的内容覆盖了整个集团全部的核算业务，总账发挥辅助往来报表的功能。同时，在所有的业务核算中，由集团的财务人员协同合作，并没有专人专岗的区分。简而言之，核算共享模式是一种集团企业财务管理的新应用，也是一种资源整合与规模经济在财务管理过程中的尝试。集团企业之所以会考虑选择核算共享模式，主要是因为其下属的多个公司存在着同样的会计核算诉求，因此建立会计核算共享模式有助于集团企业实现多个方面的目标。

作为财务共享的初级阶段，核算共享的信息化水平最低。集团企业还未建设核算共享的时候，会计核算通常采用按会计主体进行分级核算的模式，也就是说下属公司仍保留着原来固有的一套财务组织。财务机构会随着企业经营规模的扩张而扩张。通常，集团企业每建设一个分 / 子公司或者分支机构，在分 / 子公司或者分支机构达到一定人员或者业务规模后，集团企业就会设置一个财务机构支撑当地的财务需求，这就造成了必然的分散型财务核算模式，这种模式在一些国内的大型企业中仍然很常见，通常由每个分 / 子公司设置的财务部门进行独立核算，最后将报表层层上报并由集团总部的财务人员进行汇总合并。如此一来，"不同的地方，相同的财务标准"的会计模式，虽然可以保证自身业务的完善处理，但却存在着很多弊端。这些弊端主要包含三个方面。**第一**，大型集团企业的分公司或者分支机构的增多，在一定程度上会导致管理层次与会计主体增加。由此很有可能会导致集团企业里产生大量的内部交易，核算的复杂程度也会因此增强。这意味着合并报表的工作量增大，复杂程度增加。此外，也会导致财务报告层次多、流程长、效率低。**第二**，各下属公司通常开设各自的银行账户，资金被分散和闲置，导致资金周转速度缓慢、使用效率低下的情况。**第三**，分散核算导致会计信息准确性和及时性降低，决策支持功能减弱。下属公司会由于缺乏有效、及时的监管，形成一个个信息孤岛，使得集团整体的信息搜集和政策制定都存在信息的不对称，从而埋下风险隐患。

尽管核算共享的管理成熟度水平在这五级成熟度模式中最低，但它仍旧减少了企业财务人员成本的大量投入，大大提高了企业效率。随着 20 世纪 90 年代因特网和企业资源计划的发展，财务信息系统的集中成为可能，集中的财务模式得以发展。例如，所有分支机构的会计凭证通过扫描传送等方式，交由总部统一核算。集团总部将财务人员、银行账户、资金乃至资源配置权、管理控制权都集中于总部，从而能够加强整个集团的财务管控。这种集中处理业务的方式，将会减少核算层次，避免内部交易抵消不充分的现象，并且有助于缩短财务报告流程，规范会计核算，提高财务监控能力。此外，核算共享能促进资金的集中管理，降低资金沉淀和资金成本，打破信息死角，使得会计信息得以充分共享，财务政策得到有力执行。

报账共享

作为管控服务型财务共享五级成熟度模型中的第二级，报账共享是建立在核算共享基础上的，把前端的全员网上报账纳入进来，通过财务人员的共享，借助影像管理，从而实现共享模式下财务人员处理多单位的报账稽核以及会计核算工作。比起初级的核算共享，报账共享在财务核算的基础上，增加了费用预算、费用报账共享服务。目前，国内已有相当一部分企业实施了报账共享的管控服务型财务共享模式。

｜举例专栏：H 集团集中报账、数据共享｜

H 集团以集团发展战略为驱动，在集团总部构建财务共享中心，利用信息系统，将财务人员从繁重的基础会计核算工作中解放出来，提质增效；同时，打破信息孤岛，加强风险管控与决策支持，从而提升集团管理水平。

通过与办公自动化（OA）系统的集成，财务共享中心可以直接获取报账单据信息；同时，也可以将费用标准提交给 OA 系统用于员工报销控制。通过与影像系统的集成，财务共享中心可以对报账单据、原始单据、电子影像进行调阅、联查。通过与资金系统的集成，财务共享中心可以将报账单据的付款信息传入资金系统，以便资金系统执行付款。通过与财务核算系统的集成，财务共享中心在生成费用凭据后，可以直接传入财务核算系统，并获取正式凭证号。共享平台可提供供应商主数据和费用项目映射关系维护功能，确保各系统间的数据可以互联互通。

H 集团通过搭建财务共享中心，将报账流程标准化，并统一集团及各下属单位的报销单据格式、内容及集团费用项目，实现了集团各单位费用报账规范统一，提升了集团集中管理水平，还实现了OA、财务共享平台、影像系统、资金系统、财务核算系统等多系统的数据对接，实现了各单位高效准确的数据交互，打破了信息孤岛，为管理决策提供了数据支撑。

H集团通过搭建影像系统，实现了从报销申请到填报环节的影像扫描，在审批、稽核、复核等各个环节进行影像的调阅、联查等功能，摆脱了纸质单据在不同地域、不同岗位间流转的束缚，提高了协同办公效率与无纸化办公水平。H集团通过规范费用预算填报、审批等工作，夯实了费用控制基础。

标准财务共享

标准财务共享模式相对于核算共享和报账共享来说，共享的成熟度进一步提高。标准财务共享需要通过咨询阶段等前期规划设计，调整组织架构，再进行流程设计和优化，采购一系列软件并结合企业资源计划才能实现。标准财务共享模式的应用，帮助企业成立独立的财务共享中心，将财务人员集中并进行专业化分工，搭建财务共享平台，以任务为驱动进行高效作业，提供标准化财务服务，实现财务职能的分离。在初期，标准财务共享模式帮助企业形成独立的财务共享中心，共享平台的建立为企业提供标准化的服务。人员专业化分工以及流水化作业模式意味着组织、人员的根本性变革和共享模式效率的进一步提高。标准财务共享中心对流程进行了优化再造，对操作进行了标准化，对人员进行了专业化分工，以一个独立运营的"服务部门"再造了财务核算（见图4-3）。基础的财务工作由专业的财务会计人员来完成，保证了会计记录和报告的规范、标准。财务管理人员则从繁杂的财务工作中解放出来，将精力集中于经营分析和战略规划，加强了对公司的经营决策支持，财务管理人员的职能得以转型，成为企业管理者的参谋、业务伙伴和企业策略合伙人。

业财一体化财务共享

业财一体化财务共享是在标准财务共享的基础上，将财务管理向前延伸，通过深度的业财一体化，将以报账为起点变为以业务为起点，通过管控前移，降低财务风险，支撑企业精细化管理及内控，如图 4-4 所示。

在一个企业中，最核心的业务部门包括三个：采购部门、生产部门和销售部门。这三个部门对应的财务业务分别是应付、成本和应收，这三个业务也是财务中最核心的业务。在使用业财一体化的管控服务型财务共享模式时，由于不同类型的企业共享的重点不同，所以建设的具体方法也不尽相同。以金融、服务为主的企业，由于费用所占比重较大，因此在建设共享服务中心时，推荐以费用共享为主。对于下游客户、代理商、经销商等企业，应收账款业务将更为繁多，因此需要加强对应收账款的管控。相对地，那些拥有较多供应链中上游企业的企业，则更需要加强对应付账款的管理，而那些拥有较多工厂或者生产部门的企业，则需要加强成本管理。

在费用、应收账款、应付账款、成本等项目中，应付账款与应收账款会更多地关系采购和销售，更能体现业财一体化的重要性。应收账款与应付账款关系到企业的现金流、生存和发展，因此需要重点管理。业财一体化的重要性还体现在：如果财务人员不懂采购业务，不知道采购数据，会造成对账、三单匹配、付款等方面出现问题；如果财务人员不懂销售业务，不知道销售数据，则开票、对账、核销清账、收款等方面就会出问题。如此，将会增加财务和采购、销售、供应商、客户等群体的沟通成本和管理成本。

对于业财一体化，大多数人一般会简单地理解为业务和财务信息互通，其实业财一体化可以分为三个阶段。**第一阶段**是在数据层级上，将业务和财务做到信息互通。例如，让财务人员更加了解业务流程，这样在付款和收款的环节就可以减少不必要的麻烦，降低错误率。**第二阶段**是在财务与业务做到信息互通后，财务部门可以针对业务数据进行分析，从而得到相应的数据报表，根据财务指标分析结果，进一步发展和完善业务，在战术

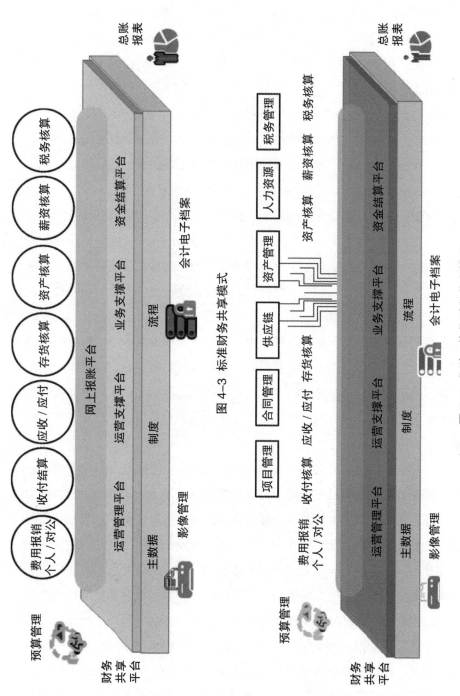

图 4-3 标准财务共享模式

图 4-4 业财一体化财务共享模式

或战略层面为企业的业务发展提供有力的支持。但是，在建设财务共享上，仅仅实现业务数据分析是不够的，因为财务共享本身就是流程的再造与优化。因此，在**第三阶段**，财务部门甚至可以承担业务部门的工作，从而实现深层次的共享。

业财一体化中，采购、销售等业务因为涉及供应商、客户、员工，所以建议企业在建设共享服务中心时，不要把共享当成一个独立的主体，而要将资源连接在一起，使费用报账模块能为员工提供服务，应付账款模块能为供应商提供服务，应收账款模块能为客户提供服务。

根据共享服务中心涉及的范围，业财一体化共享的建设会涉及两种用户：内部用户和外部用户。内部用户包含财务部门和业务部门。在财务部门，业财一体化的管控服务型财务共享模式通过结算平台统一处理上下游结算业务，包括对账、开票、收付款项、沟通协调、信息披露、报销凭证、应收和应付款项的核查等。业财一体化，意味着财务人员也会参与企业的部分经营活动。因此，在共享服务中心建设中，业务财务部门将发挥对账稽核和业务监控的双重功能。业务财务人员不仅要对有异议的对账单进行稽核，跟进分析处理，并在结算平台记录跟踪处理状态；同时也需要对企业的业务进行监控，可以通过结算平台生成业务分析报表，对业务部门的经营活动进行监控和指导。

业财一体化的财务共享中心建立后，财务部门对应财务职能中的控制层，其深度参与价值链各个环节，分布在全国甚至全球的各个子经营体，成为经营决策团队的重要成员，提供全价值链业务财务管理，包括各业务单元的分析、计划、预算和业绩管理，促进企业价值最大化。同时，业财一体化后，业务财务与企业的战略财务有效互动，使得业务财务能更加深入地将战略财务的政策意图落实到基层岗位，并将基层需求反馈给战略财务层，让企业财务管理层能随时获取一线业务的情况。

企业采用业财一体化的管控服务型财务共享模式时，从建设业务财务团队出发，促进了财务对业务价值链的支撑和服务；明确了业财一体化的定位，集团的业务财务是财务部门选派到业务单位的财务代表，担任业务单位合作伙伴的角色，对业务单元的经营提供财务服务、支持和管理。它还负责企业相关财务战略、制度在基层业务单位的宣传和落实，及时反馈经营中存在的问题，起到业务财务一体化过程中的桥梁、纽带作用。同时，财务人员融入业务后可以深度参与价值链的各个环节，成为业务单元经营决策团队的重要成员，提供全价值链业务财务管理，建立一种新型的业务合作伙伴关系。

业财一体化的管控服务型财务共享模式，能对财务人员与业务人员共同办公、相互交流实现促进作用，能较为及时、全面地了解财务数据背后的经营问题，并能够提出有针对性的建议供业务部门参考，提升财务人员在业务部门中的地位。

举例专栏：Z 集团搭建集约、高效的业财一体化框架

为实现财务会计与管理会计相融合的管理目标，Z 集团通过统一的会计政策和会计科目体系，统一搭建 IT 系统和横向协同化、纵向专业化、分类分级操作的核算组织模式，围绕网络核算、逻辑集中、数据共享的建设目标和"单项核算批量操作"的精细化管理要求，搭建了基于 IT 系统业务财务一体化的"一个流程、一套标准、一套规范、一本账、一张表、一点关账、一点出报、一点推送"的业财融合管理体系和集约、高效的会计核算体系。Z 集团业财一体化管理会计信息系统整体应用架构规划由五个部分组成，包括公共服务平台、业务运营平台、财务信息系统、银行财税系统和经营分析系统。

公共服务平台为系统提供统一的数据标准、统一的用户及权限管理标准、统一的办公门户标准及移动办公标准。公共服务平台主要包括：主数据管理、移动办公、OA 系统。

业务运营平台支撑公司人、财、物及日常运营管理，通过客户关系管理（CRM）系统计算集团收入，通过在线商务平台、物业管理、运维管理生成 Z 集团日常建设采购成本，日常资产管理包括计提折旧、减值以及资产

处置、日常运营维护费用支出等，通过项目管理、合同管理、人力资源管理等系统管理公司运营过程。业务运营平台主要包括：CRM系统、项目管理系统、在线商务平台、合同管理系统、物业管理系统、运维管理系统、资源管理系统、人力资源管理系统。

财务信息系统通过报账系统、工程会计系统同业务运营平台进行一体化集成建设，实现了标准化公共数据、收支数据、运营过程管理数据的采集和接收处理。财务信息系统通过财务核算系统、财务报表系统、税务管理系统的一体化集成建设，满足了财务管理会计的要求，同时为公共服务平台、业务运营平台、经营分析平台提供数据支撑。财务信息系统主要包括：报账系统、影像系统、工程会计系统、资金系统、财务核算系统、财务报表系统、税务管理系统、发票管理系统。

银行财税系统通过资金管理系统、发票管理系统、影像系统同外围影像采集设备、银企直联设备、财税设备一体化集成建设，实现了实物流转与系统数据传递的协同统一。银行财税系统主要包括：银行系统、财税系统。

经营分析系统通过汇总各业务系统及财务系统相关数据并且进行计算展示，实现具有Z集团管理特色的单项核算管理，完成业财一体化的财务共享建设目标。经营分析系统主要包括：决策支持应用、单项核算报表应用。

业财一体化的管控服务型财务共享模式是一个持续优化的过程，包括业务流程、管理制度的持续优化，信息系统的优化，考核的优化。最重要的，业财一体化的管控服务型财务共享模式将会给企业带来结算管理、财税管理的重大变革，并在一定程度上推动业务和流程变革。**第一**，是上下游沟通方式上的变革：帮助企业实现上下游多方的对账；将管理方式前移、处理问题的方式前移，实现上下游协同处理；将从采购到付款、销售到收款等的所有信息进行披露，上下游所有要了解的信息都可以在平台上搜集到；上下游通过平台进行沟通，大量减少电话、邮件、当面交流等沟通方式的次数，大幅提升了信息交换的效率。**第二**，是业务上的变革：业财一体化的管控服务型财务共享模式使得财务人员更懂业务，进而能够支持业务分析与决策。**第三**，是财务管理上的变革。具体来讲包括统收统付变革、付款变革、销项发票管理变革、进项发票管理变革、财税风险上的变革以及财务凭证变革六个方面。统收统付变革体现为：同一结算周期内收支一条线保障了收付款处理的流畅和资金安全。付款变革表现为：实现按照账期自动付款，减少付款环节，有助于提高供应商的满意程度。销项发票管理变革表现为：提升开票过程的一体化和自动化。进项发票管理变革表现为：财务人员能够提前确定进项税额并监督发票的收取情况。财税风险上的变革表现为：从业务源头到账务处理的改进，将有利于企业控制财税风险。财务凭证变革表现为：实现凭证的自动化生成。

│举例专栏：J 集团业财资税生态圈支持全价值链的财务管理模式│

J 集团财务共享中心采用多种共享服务中心相结合的模式，利用柔性共享理念，建立集团直管大项目财务共享中心，成功建立了一个主共享服务中心管控多个子共享服务中心的管控体系，基于项目完成标准化记账到报告输出的财务工作，实现跨法人公司间的财务协同。同时，不打破原有管控组织体系，保证原有单位的资金审批权及所有权不变，能够面向多级管理，出具内部管理报告。

J 集团根据全价值链财务管理支持共享服务、财务核心能力、专家、团队四位一体的财务管理模式，打造区域共享服务中心。这改变了以往服务单位经济业务管理水平参差不齐的局面，带动了各单位管理水平的整体提升；通过专业化分工，为服务单位提供财会专业化服务，提高了工作效率，让服务单位专注于自身的核心业务。J 集团根据不同的共享服务中心的业务模式，成功打造了业财一体化的共享平台，集成业务系统与财务共享平台，使业务流程统一在报账平台发起，或者由业务系统发起后统一推送至报账平台，由财务人员统一处理，数出一门。

企业在建设财务共享中心的过程中，可以从业务流程执行效率、核算发现问题方面逐步优化完善相关业务流程，逐步强化风险控制点，逐步弱化或取消无效审批控制点。从信息系统方面，逐步实现完善系统集成，推动业务流程，使得信息系统高效流转。从管理制度方面，借助绩效看板、绩效考核等各个方面逐步完善激励考核措施，激发员工工作热情。在建设业财一体化财务共享中心中，从业务范围上逐步扩展，逐步将能够纳入共享的业务全部纳入，实现为企业提质增效的效果。

随着企业对财务共享中心理解的不断深入和创新应用，共享服务在整个价值链的位置正在不断上移，服务内容也越来越广泛，已逐步扩展到全面共享模式。

全面共享

从单纯地储存数据到利用数据、为财务管控甚至是企业决策服务，是财务共享的重大责任。

共享服务中心的未来是全面共享，意味着共享服务中心不仅涵盖财务业务，人力资源、集中采购、市场管理、信息技术等都纳入共享服务中心管理范畴。最终的全面共享模式中，企业将在共享平台上建立财务共享中心、人力资源共享服务中心、采购共享服务中心、市场管理共享服务中心和信息技术共享服务中心。这意味着除了费用报销、应付结算、成本归集、收入与成本、总账、财务报表等方面要实现共享外，员工招聘、薪酬福利核算和发放、社会保险管理以及住房公积金等人力资源管理也将被放在共享平台上进行运营。此外，上下游的供应商、客户管理也将被纳入共享服务范围。业务和财务融为一体，管控的力度和深度也进一步加强、加深。管控与服务并重是财务共享建设的首要目的，而财务共享作为共享服务的先行者，也将统领未来全面共享的发展，因此集团企业要结合当前管理现状、业务需求，选择适合的财务共享模式，并明确未来优化方向。全面共享平台如图 4-5 所示。

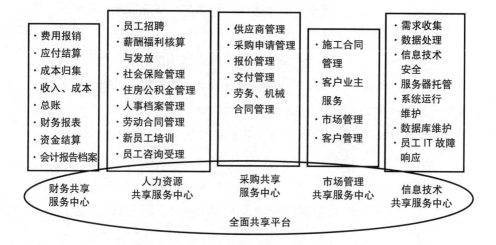

图 4-5　全面共享平台

| 举例专栏：K 集团将采购转移到网上，进入采购 2.0 时代 |

　　2014 年 11 月，K 集团搭建电子采购平台，将采购信息化建设作为集团供应链优化升级的关键环节，采用询价、招标、竞标、投标和网上订单等一系列电子采购私有云的解决方案，以及服务于集团工业企业和供应商的协同采购公有云解决方案。平台通过设置采购标准和规范，对不同采购金额的采购需求选择不同的采购模式。根据不同的采购物资设置不同的采购策略，使采购招标灵活多样，控制采购限价，确保采购质量，降低采购成本，实现最优的采购方案。平台搭建后，供应商可以在 K 集团电子采购平台注册，纳入日常供应商库中，并通过分级负责的方式，归类维护，满足集团及各子公司的采购需求。同时，设立严格的供应商准入标准，实行优胜劣汰的管理机制，确保供应商质量，且整个招标过程由集团公司市场部、审计部、经检办监督管理，明确职责划分，实现采购过程阳光化。

　　K 集团通过无缝集成集团原有的 ERP 系统，完美对接生产需求数据与采购需求数据，帮助集团细化了采购需求源头管理，把好阳光采购这一关。目前，K 集团电子采购平台供应商数已达到 600 余家，当有采购寻源需求时，各子公司可直接从网络平台中筛选采购信息，摆脱传统多人分头、不定项调研产生的被动局面。

同时，对外与供应商和价格信息网站的互动链接，为对标比价提供了参考。长期、稳定、高标准的供应商管理机制，使采购由原来的少量供应商砍价转向当前的大量供应商比价择优的跨越，通过价格信息对标，提高了供应商的管理与议价能力，实现了最优采购。

企业在选择财务共享模式，建设财务共享中心时，需要根据企业自身的管控类型以及特点，对可能面临的风险进行管控，小心规避风险，确保共享服务中心建设的顺利实施。

运营管控型的集团企业，集团总部作为运营控制中心，对集团的所有经营进行直接管控，以实施一体化的集团管控，有效整合成为产业供应链，所有下属单位成为整个链中的一个价值环节。运营管控型的集团企业还可以整合内部资源，包括内部的人力资源管理、资金调配、物流配送、集中采购、集中销售等，集权程度很高。运营管控型的集团企业更适合业财一体化的管控服务型财务共享模式。

战略管控型的集团企业，集团总部对子公司干涉较强，子公司有一定的自主权，通过绩效管理、精英队伍管理、预算和统一资金手段进行管理。集团总部作为战略控制中心，要求在整个集团范围内统一优化配置战略资源，对关键业务有一定程度的控制，对集团的战略统一规划并监控执行。业务的多元性会导致业财一体化共享模式难以实践。核算共享和报账共享的财务共享模式很难帮助战略管控型企业实现对整个集团业务的有效控制。建立标准化财务共享中心，是战略管控型集团企业的最佳选择。随着业务成熟度和业务相关度的提高，集团管控模型的发展和进一步优化，集团企业的财务管理可以不断向前延伸，管控前移，建设业财融合的管控服务型财务共享中心。

财务管控型集团企业的业务类型多呈现无关多元化，企业的核算管理诉求在于降低资金运营风险。集团总部作为投资决策中心，以追求资本价值最大化为目标。通常总部不参与日常业务运作，通过股权控制分/子公司的重大决策，主要通过下属公司的报表和报告进行管理。多元化的业务类型导致财务管控型集团企业很难直接建设业财一体化的共享服务中心，必须从核算共享和报账共享等共享服务的初级阶段做起。

对于我国集团企业而言，不同管控类型的集团企业对下属企业的财务共享管控模式并不存在一个"标准"或"万能"的模式，也没有"最佳"的模式，只有"最适合"的模式。集团企业的整体战略和管控类型会随着一些外界因素的变化而不断调整，财务共享中心建设的模式也会随之改变，不断优化。当前，企业面临的内外部环境快速变化，企业在选取和设计业务模式、管控类型的时候不能一劳永逸，更不能简单地将一种财务共享模式进行到底，需要经常评价其合理性和有效性，根据业务发展的不同阶段以及企业的战略和战术规划进行动态调整。

共享服务中心业务流程到底怎么优化

明悉管控服务型财务共享对我国集团企业的价值后，如何将管控服务型财务共享中心建设落到实处，是需要企业斟酌的关键问题。在建设过程中，如何强化管控以及如何实现业财融合，是管控服务型财务共享中心建设的两个核心点。从初步的高层设计阶段，到设计和实施配合阶段，以及后续的持续优化阶段，这两大核心贯穿始终。

"强化管控"和"业财融合"是建设核心

建设管控服务型财务共享中心，"强化管控"和"业财融合"是两大核心问题。对于如何强化管控这一核心问题，可以通过柔性共享来解决。柔性共享的建设模式有很多种，包括在集团总部建立共享服务中心、按照板块建立共享服务中心、按照区域建立共享服务中心、以项目为中心建立共享服务中心等。通过共享服务中心强化集团总部管控，是企业在这一过程中需要重点考虑的事情，除此以外，无论是按照区域、板块还是项目，都不能影响原来的二级集团、三级集团的管控方式。

举例专栏：L 集团柔性共享，强化管控

L 集团作为世界 500 强企业，其财务共享中心的建设处于国内领先水平。对该集团而言，很多大项目，如果由各个二级单位承包，会产生竞争力不足以及内部单位恶性竞争等问题。因此，该集团把工程分段，每段工

程交给不同的二级、三级单位承担，并建立以项目为主线的共享服务中心。为实现大项目的通关，L集团在总部建立财务共享中心，将大项目进行统一记账，实现对项目的监控，并解决同一项目在不同管理维度下的标准财务处理问题。在项目付款时，各二级、三级单位分别审批完成后再交由总部共享服务中心进行会计处理并付款。为支撑这个管理，L集团进行了柔性共享服务中心建设：在不打破原有管控组织体系的情况下，支撑面向多级管理出具内部管理报告。此外，基于项目建立共享服务中心后，以项目为中心，为各个标段提供服务，可处理面向项目的整体管理报告。

管控服务型财务共享中心建设的第二个核心问题是如何通过共享服务中心实现业财融合。建设共享服务中心的时候往往有一些误区，把那些标准化、规范化、事务性的会计处理集中到共享服务中心，这就很容易造成会计处理工作和业务工作、管理工作脱节，会带来很多弊端，降低共享服务中心的价值。要横向打通业务系统和共享平台，实现业务同源入口，并建立联查追溯机制，提供全价值链财务管理支持。共享服务中心要实现向业务延伸，不仅要在共享服务中心做总账、成本、税务、资产的核算，还要将其与资金收付款、电子档案、供应链、销售、合同管理等业务相结合。从业务处理直接进入共享服务中心，共享服务中心再直接与银行连接，实现收付款业务。

管控服务型财务共享中心建设要实现业财融合，需要将资金纳入共享服务中心。资金纳入共享服务中心有三种常见模式：**第一种模式**，把资金结算职能全部纳入共享服务中心，包括单位内部的结算、资金中心的结算，这是最常见的模式；**第二种模式**，把企业内部的结算纳入共享服务中心，而将资金中心的结算保留在资金中心；**第三种模式**，把资金结算全部保留在资金中心，而财务共享中心只承担核算管理职责。

要实现业财融合，还应将税务纳入共享服务中心。管控服务型财务共享中心除了税务核算等常规业务以外，还可以从统一发票、统一认证等方面，加强对发票风险的管控，并且为集团平衡税负提供有力支撑。在共享服务中心有一笔投资，就是采购扫描设备。但税务管理为了应对税务发票的识别，也要购买一批共享服务设备，这种情形下，税务管理和共享服务中心会共用设备。随着"营改增"的推进，将税务管理纳入共享服务中心也成为一种常态。

总之，建立管控服务型财务共享中心就是两个核心。

第一，让柔性共享服务于已经固化的组织。让共享服务中心与原有企业的行政组织、经营组织、财务组织一一对应，让共享服务中心在不同范围可以任意改变，可以按不同主线建立共享服务中心，如按板块、按产业、按区域、按项目等。通过柔性共享，集团总部能够建立起财务大数据仓库，进行多维度的分析，支持领导决策，进一步加强集团总部的管控力度。再者，柔性共享化服务在为二级企业、三级企业提供会计服务的同时又不会影响这些企业原有管控关系。

第二，建立能够实现业财融合的管控服务型财务共享中心。横向打通业务系统与共享平台，由业务推送生成报账单，实现财务数据有业务来源、可追溯联查的功能，同时财务提供数字化服务，对业务进行指导及事中管控，实现全价值链财务管理支持。集成业务系统与财务共享平台，业务流程统一在报账平台发起，或者由业务系统发起后统一推送至报账平台，由财务人员统一处理，数出一门。借助数字化工具，从移动报账到电子发票，到影像识别到电子归档，实现全程电子化作业模式，提高工作效率，同时也解决部分实物票据异地管理的难题。各类业务单据推送到共享服务中心作业池后，由主任或组长对工作任务统一分配、统一调度，根据派工规则分配任务到不同的作业岗位，并由作业人员进行处理，优质高效地提供财务服务。利用财务共享的资源整合优势和大数据技术，财务部门可以为企业提供满足内部精细要求的管理报告，甚至对业务过程进行事前预测、事中控制和事后指导。

管控服务型财务共享中心建设的三个阶段

管控服务型财务共享中心的建设主要包括三个阶段：高层设计阶段、

设计和实施配合阶段、持续优化阶段，如图 4-6 所示。

1. 高层设计阶段

在初期的高层设计阶段，企业应该结合自身战略定位，明确实施管控服务型财务共享中心的顶层规划，在顶层规划蓝图指导下，定义财务共享中心的建设模式与运营模式，确定财务共享中心的选址。在该阶段，企业需要从集团层面进行整体业务规划，结合集团管控的重点和当前企业管理现状，按企业、按板块、按区域甚至按重大项目灵活设置信息化内容。同时，企业也应将易于标准化和规范化、较快取得收益的低风险业务纳入共享服务业务范围，如应收应付、总账核算、固定资产核算、费用报销以及成本的分摊核算、资金管理等业务。另外，企业也应在设计阶段做好相关的组织调整、人员配备等筹备工作，结合企业管理架构、企业战略以及共享业务流程进行规划，全力支撑集团管控。在该阶段，企业应结合战略、组织人员、业务等方面来设计管控服务型财务共享中心建设的多种可选方案，或咨询相关专业公司进行方案设计，然后评价每种方案的风险，并与集团企业高层进行确认。

2. 设计和实施配合阶段

在设计和实施配合阶段，企业需要根据共享服务中心的初步设计方案，从信息系统维度出发，完善每个分支系统的建设和各个系统之间的协作匹配。在实施过程中，一般的财务共享中心由五大平台支撑：网上报账平台、业务操作平台、运营支撑平台、运营管理平台和资金结算平台。五大平台帮助企业实现财务核算系统、资金管理系统的集成，同时可帮助企业建设财务共享中心，提升企业财务业务的处理效率及质量，充分发挥财务共享中心对基础财务核算业务的监控和指导作用，提升企业整体财务管理水平。在实施过程中，企业也要结合具体的实践成果，对初始的设计方案进行完善，并应用于系统开发和实施，通过反复摸索，不断总结并汲取其他企业经验，设计出新的变革方案。

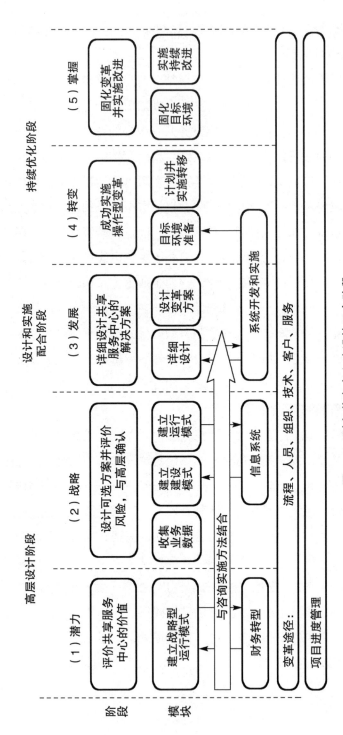

图4-6　财务共享中心建设的三个阶段

3. 持续优化阶段

持续优化阶段，意味着企业的管控服务型财务共享中心建设已经成功实施，但仍需要持续改进。在该阶段，为保障财务共享中心的有效运作和发展，企业应该不断加强运营管理。管控服务型财务共享中心的运营管理包括强化培训管理、建立绩效管理和提升服务管理等方面。

管控服务型财务共享中心的运营管理目标包含成本、质量、效率、满意度等模块。运营成本上要关注价值链的成本控制，降低成本的同时采取成本管理举措。注重全业务流程的效率提升，关注流程中的各个风险点，通过标准化、自动化实现财务核算质量的大幅提升。此外，建设管控服务型财务共享中心，还需不断关注内部客户的满意度，提升价值链上的满意度。

强化培训管理，要求管控服务型财务共享中心建立完善的知识管理平台和在线学习平台，实现个人经验、外部知识、企业文化等统一的知识积累、分享、互动。通过整理常见问题、管理制度、考试题库以及流程文档，鼓励员工交流、讨论，分享并发挥集体智慧。通过企业知识库平台，实现企业知识不流失、企业管理可复制的培训管理目标。

建立绩效管理，要求管控服务型财务共享中心建设改进过程管理，通过现场走访、电话访谈、网络问卷等途径获取服务质量数据，分析数据，并根据分析结果持续改进财务共享中心的运营管理，实现业务流程、管理制度、信息系统的不断优化。

提升服务管理，要求管控服务型财务共享中心提供规范化的核算，然后通过财务抽检评价等方式，确保财务共享中心人员完成质量目标。关注员工核算专业能力、沟通能力、问题解决能力，对能力突出者给予轮岗、升职等优先权。管控服务型财务共享中心的主要优势体现为能大幅提升业务处理效率。绩效考核中可将单据处理量、平均处理时间等作为考核指标。最后，要重视内部客户满意度，由下属单位对管控服务型财务共享中心的服务内容、服务速度、服务态度等做出评价，根据评价结果进一步变革方案，持续改进服务。

用信息化支撑共享服务中心的运营体系

管控服务型财务共享中心是一个建立在 ERP 系统基础之上的业务、财务的数据存储及信息处理中心。企业通过 ERP 系统将其分布在各个单元的零散的财务及业务数据搜集整合在共享服务中心，进行标准化和规范化处理，从而达到提高业务处理效率、降低流程重复率的效果，帮助企业精简业务。同时，企业根据共享服务中心存储的数据以及标准化流程，不仅能够加强对下属运营单元的管控，还可以进一步延伸业务，降低运营成本，实现业财一体化，提升业务处理的能力及效率，为企业经营管理及管理决策提供更好的服务。

所谓的业财一体化，是指管控服务型财务共享中心利用其信息化平台，连接包括项目管理、人力资源、供应链、OA、资产管理、成本管理等系统在内的业务系统，通过制定标准化规则，将业务数据推送到共享服务中心统一入口。其中，业务部门审批、控制在业务系统中完成，财务审批、支付、收款等在财务共享中心完成。这样做可以减少重复的信息录入，保证工作留痕，增加系统的控制点。通过业务流程和权限管理，每种业务数据被推送到对应业务组处理，并统一形成总账凭证、收支结果、对外披露报表等。

管控服务型财务共享中心的信息化框架

相较于以费用控制为主的一般财务共享信息系统，管控服务型财务共享中心的 ERP 系统更加强调业财一体化。其工作流程不再是以报账为起点，而是以业务为驱动，将管控前移，即先有业务后有财务。在管控服务型财务共享中心，业务数据推送生成报账单，为财务数据来源提供依据，方便追溯联查；强调横向的一体化管控，其信息化更加注重与业务系统集成，在原有集团财务及 ERP 系统基础上，建立共享平台与业务系统的横向连接，包括由业务系统发起报账流程及从报账系统追溯业务单据，提供全价值链的财务管理服务。管控服务型财务共享中心的框架如图 4-7 所示。

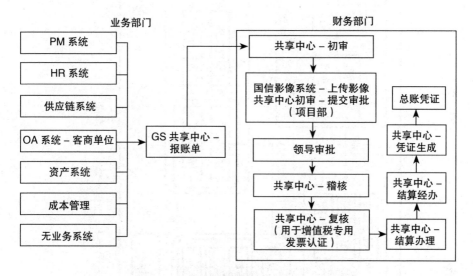

图 4-7 管控服务型财务共享中心的框架

总的来说，业财一体化的运作模式如图 4-8 所示。企业通过对制度、流程的梳理，规范了从业务到财务，包括业务中心、成本中心、资金中心、税务中心、财务共享中心在内的标准化的业务作业流程。企业依据真实业务数据反映其实际经营情况，达到业务与财务的高效协同。业务与财务数出一门，有助于业务部门与财务部门明确权责，规范业务过程，规避运营风险，真正做到在一个平台上实现业财融合。

除了 ERP 系统之外，管控服务型财务共享中心信息系统的建设还有赖于五大平台的运作与实施，即网上报账平台、业务操作平台、运营管理平台、运营支撑平台、资金结算平台。五大平台与企业内部 ERP 系统无缝集

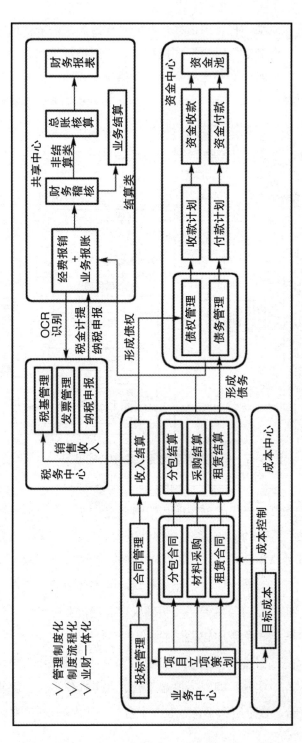

图 4-8 业财一体化的运作模式

成，帮助企业构建完整的管控服务型财务共享中心信息系统的整体框架，有助于企业精简运营和管理，真正实现财务业务的信息化落地。

在五大平台中，运营支撑平台主要对共享服务中心的业务开展和运营进行基础信息管理，包括共享服务中心的定义、作业规则管理及共享服务中心服务参数定义等；运营管理平台包括作业管理、质量管理、绩效管理，实现按业务类别自动分配任务，支持对作业任务的质量管理、绩效管理及对员工和组织运营 KPI 实时分析的绩效管理等；业务操作平台实现工作池分配任务、业务单据及凭证的审核审批、资金支付、实物及电子档案管理等；网上报账平台将企业报账支付数据完全电子化，利用信息技术再现原始业务活动，为每笔支出建立单独的审计线索；资金结算平台通过参数配置满足不同企业由于共享服务中心和资金中心的组织定位及分工差异形成的多种共享模式下的结算场景，实现报账、结算、线上支付的一体化管理。管控服务型财务共享中心利用网上报账平台、业务操作平台以及资金结算平台三大平台系统，实现完整的从费用申请到生成凭证，再到结算完成的全过程管理。

通过这套完整的信息系统总体框架，企业能够建设信息化的管控服务型财务共享中心，从而提升企业财务业务的处理效率及质量，改变原有的财务职能定位，创新财务管理模式，充分发挥财务共享中心对基础财务核算业务的监控和指导作用，提升企业财务业务管理水平。

ERP 系统是管控服务型财务共享中心的重要支撑

ERP 系统建立在信息技术的基础上，集信息技术与先进管理思想于一身，是建设管控服务型财务共享中心的核心手段。企业 ERP 系统是以系统化的管理思想为出发点，为企业员工及管理层提供决策手段的管理平台，它实现了企业内部资源和企业相关外部资源的整合，通过软件和平台把企业的人、财、物、产、供、销及相应的物流、信息流、资金流等紧密地集成起来，实现资源优化和共享。管控服务型财务共享中心的 ERP 系统跳出了传统企业边界，从供应链范围去优化企业的资源，优化了现代企业的运行模式，反映了市场对企业合理调配资源的要求，对改善企业业务流程、提高企业核心竞争力具有显著效果。

现阶段企业的 ERP 系统由许多模块构成，其中主要包括财务核算、资金管理、供应链管理、生产制造管理等多个方面。

1. 财务核算

总账处理适用于各行业的企业、行政事业单位的业务处理，可满足大中型企业深化内部管理的需要，具备复杂的财务核算及管理功能，主要包括初始建账、凭证处理、出纳管理、账表查询、正式账簿、月末处理功能等。

2. 资金管理

资金管理主要包括基础数据管理、账户管理、内部网银管理、资金结算管理、内外借贷管理、票据管理等，可以将资金集中管控思想有机融合在各个业务处理的流程和环节中，实现对整个集团多方面的管理。资金管理流程如图 4-9 所示。

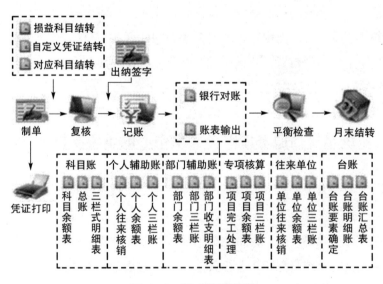

图 4-9　资金管理流程

3. 供应链管理

供应链管理贯穿计划、组织和控制从最初的原材料到最终产品及其消费的整个业务流程，这些流程连接了从供应商到顾客的所有企业。以浪潮 GS 为例，其供应链管理系统正是基于"客户导向、协同集中"的核心理念，为企业提供一个基于网络的稳定的、开放的、先进的供应链管理平台。供应链管理流程如图 4-10 所示。

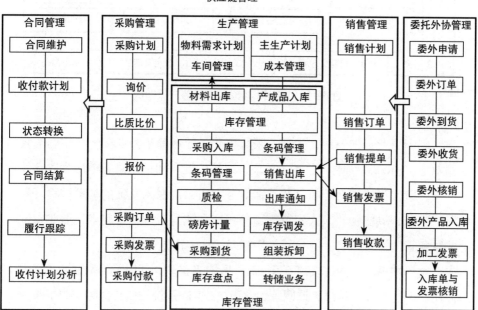

图 4-10　供应链管理流程

4. 生产制造管理

生产制造管理为企业提供全面的生产计划、细致有序的车间管理和快捷简便的成本核算系统，帮助企业理顺生产管理，解除后顾之忧。ERP 系统生产制造产品架构如图 4-11 所示。

虽然 ERP 系统包含多个子系统和多个模块，但财务系统处于中心地位。财务模块与 ERP 系统的其他模块搭建有相应的接口，将专业的财务知

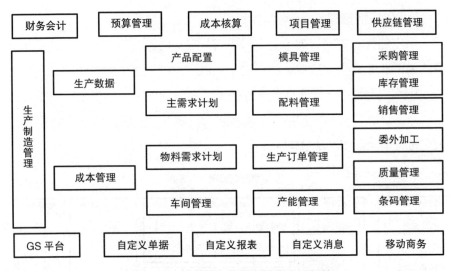

图 4-11　ERP 系统生产制造产品架构

识隐藏到了业务的背后，生产、采购和业务处理都是和现实十分贴切的真实业务。ERP 系统中，业务人员录入的信息会自动记入财务模块生成会计分录，取代了传统会计核算软件需财务人员二次输入凭证的烦琐过程，同时把物流、供应链、人力资源等事务和资金流有机地结合起来，形成先进的财务管理信息系统，是一个大规模、高级的集成模块。

财务共享中心的建设离不开 ERP 系统的支撑。管控服务型财务共享中心所提倡的速度、信息、透明等理念正是 ERP 系统的核心优势，共享服务中心需要以 ERP 系统为基础，从中剥离出会计基础核算、工资核算、收支核算等日常业务来建设自身。

在没有财务共享中心之前，ERP 系统直接与外部环境联系，缺乏标准化和规范化的流程处理，容易导致内部工作重复、组织结构混乱等状况。而财务共享中心建立之后，ERP 系统可以利用其信息化平台，以互联网及云计算平台作为数据传输渠道，重新部署数据库服务器，开发现有系统，重新确定组织机构和岗位任务，落实那些能够显著提高财务流程效率、提高资产及资金安全性的转变措施。

在财务服务方面，管控服务型财务共享中心能够优化 ERP 系统中最关键的财务子系统的工作模式，体现共享的功能。管控型财务共享中心可以将 ERP 系统中的财务管理模块抽取出来，直接在共享服务中心核算，各个子系统中与费用相关的业务全部交给其管理，组成一个相对封闭的环境，按照提交—审计—复核—生成凭证的流程登账，从而由事后核算向事中控制和数据挖掘及决策职能转移，颠覆了传统财务会计的工作方式，建立了类似流水线的运作过程，借助精细化的专业分工、标准化的流程和发达的信息技术，以"服务"为定位从事财务业务。同时共享服务中心还可以将 ERP 系统中的报账、应收与应付账款、工资支付、账务处理、报表管理等环节集中起来，建立专门的数据库，方便核算和控制，从而提高整个共享服务中心的性能。

基于 ERP 系统的财务共享中心的优势

在 ERP 系统的基础上，企业通过推行财务共享中心建设，使得内部的财务管理活动全方位向业务活动渗透，增强了财务响应和支撑市场的能力。这对于加快推进业财一体化，实现数据标准化、流程统一化将产生重大影响。同时基于 ERP 系统的财务共享中心的建设也促进了财务共享的组织变革，不断提升企业核算的标准化、集约化管理质量，提高财务管理水平，加强对风险的管控能力，实现资源的最优化配置等。

同时，在融合了 ERP 系统的财务共享中心实施后，企业内部财务管理工作逐步摆脱原来低附加值的业务操作。财务人员由日常核算向财务管理转变，逐步由应对数据处理向强化数据预测转变，并更多地参与市场营销、产品设计、投资计划和管理决策等活动，直接参与管理决策，逐渐成长为"可信赖的业务顾问"。

此外，管控服务型财务共享中心在 ERP 系统的基础上，还能够整合企业多个分公司（办事处）的人员、技术和流程，重新调整财务部门组织结构、人员的工作岗位，将大量同质、事务性的交易和任务集中于服务中心，实现财务记录和报告的集中化、标准化、流程化处理，从而打破传统的"分级管理、多点布局"财务组织管理模式，实现管控服务型财务共享中心的集中控制和统一核算。

｜举例专栏：浪潮 GS 助力企业管控｜

浪潮 GS 涵盖了集团战略层、集团管控层、企业运营层三个层面的企业管理主要需求，囊括财务会计、资金管理、全面预算、供应链、生产制造等多个系统，满足大中型集团企业整体管控及业务处理等各方面需要，其主要框架体系如图 4-12 所示。

其中，集团战略层以企业战略制定为主，帮助企业管控风险以及达成战略目标，包括战略目标、决策支持、绩效评价、风险与内控、全面预算等；集团管控层以管理与控制为主，包括财务管理、资金管理、资产管理、人力资源管理等；企业运营层实现从原材料采购、生产加工到最终销售的整个价值链的管理，帮助企业快速响应客户需求，提升企业经营效益。通过对这些功能模块的有机集成，以企业信息门户的方式为决策层、管理层及业务层的人员提供了先进的管理工具与平台。

在集团战略层，企业预先制定好整体战略目标，做好风险评估和控制，同时将战略预算下放到各个下属单元。然后通过企业运营层把企业内部采购、仓储、生产、销售等供应链环节进行"横向一体化"扩展，做到高效、敏捷、柔性、协同运营。而后再将财务业务数据回馈到集团管控层，在加强监管的同时，实现业务留痕。

在集团管控层，浪潮 GS 帮助企业实现财务集中管理、资金集中管理、资产集中管理、供应链集中管理，从而达到集团信息的集中监控以及企业集团成员之间资源共享、合作共赢、共同发展。

在企业运营层，浪潮 GS 支持供应链协同、生产管理协同，打破企业资源（人、财、物、信息、流程等）之间的各种壁垒和边界，帮助企业实现内外供应链的全面管理，从而提高整个产业链对客户的反应速度，提升客户满意度。

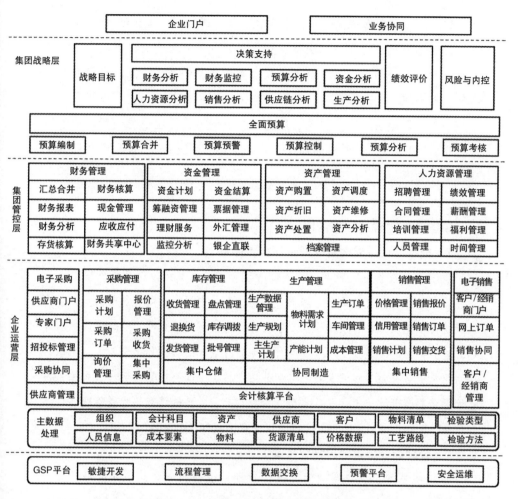

图 4-12 浪潮 GS 的主要框架体系

< 经典案例 >

中国交建管理会计报告推动管理会计应用

公司简介

中国交通建设股份有限公司（以下简称"中国交建"）是全球领先的特大型基础设施综合服务商，主要从事交通基础设施的投资建设运营、装备制造、房地产及城市综合开发等，为客户提供投资融资、咨询规划、设计建造、管理运营等一揽子解决方案和一体化服务。中国交建有 60 多家全资、控股子公司；有作为中国诸多行业先行者的百年老店；有与我国一同成长壮大的国企骨干；有在改革开放大潮中涌现的现代企业；有推动公司结构调整而成立的后起之秀；有并购而来的国内外先进企业。中国交建在香港、上海两地上市，公司盈利能力和价值创造能力在全球同行中处于领先地位。2018 年，中国交建居《财富》世界 500 强第 91 位，在国资委经营业绩考核中获得"1 三连 A"。

中国交建管理会计报告探索

1. 根据管理需求设置管理会计报告体系

管理会计报告主要服务单位内部管理需求，需要无限贴近管理需求，不受会计准则约束。报告体系主体不一定是法人，中国交建发展阶段不同，生产组织结构在变化，目前成立了六个事业部，包括海外事业部、港航疏浚事业部等，这些事业部不是独立法人，没有财务会计报告的填报和报送任务，组织结构的变化主要是为了实施发展战略和开拓市场。中国交建管理会计报告体系根据管理需要而设计，比如业务类型、各事业部、各区域总部等都是管理会计报告的体系，如图 4-13 所示，这样可以实现多维度盈利分析。

2. 管理会计报告的可视化探索

纸质版管理会计报告有其固有的弊端，比如内容多、不宜携带、数据无法穿透查询。为满足不同层级管理者对管理会计报告的需求，提高及时性，中国交建在管理会计信息化平台上开发了手机战略地图，把每个区域的业务都通过数据云的模式编程，管理者通过手机点击便可随时查阅。手机战略地图形成管理会计报告的可视化展示平台。

3. 通过开发财务模型有效支持决策

中国交建在管理会计报告平台上，结合历史数据、对标数据和业务模型，开发中交建财务模型，如图 4-14 至图 4-20 所示。该模型对投资、经营、融资等经营数据进行测算，反映企业未来的投入产出和资源配置情况和趋势，有效支持决策。

图 4-13　中国交建的管理会计报告体系

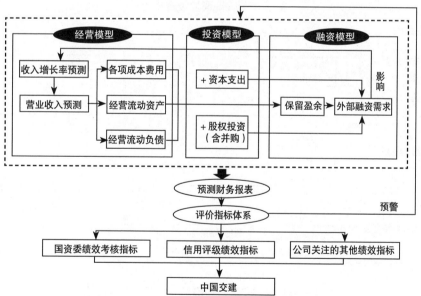

图 4-14　中国交建财务模型框架逻辑

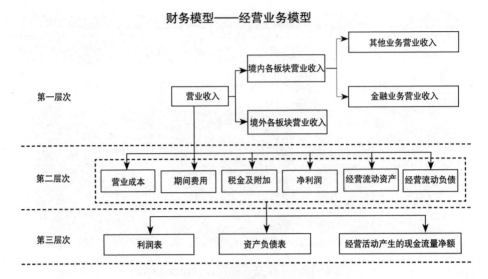

图4-15 中国交建财务模型——经营业务模型

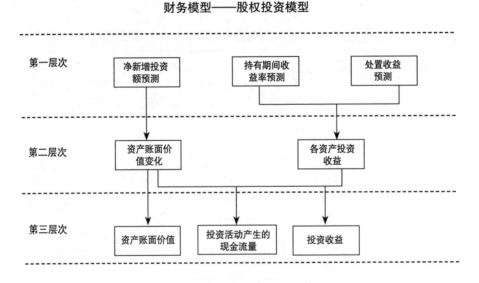

图4-16 中国交建财务模型——股权投资模型

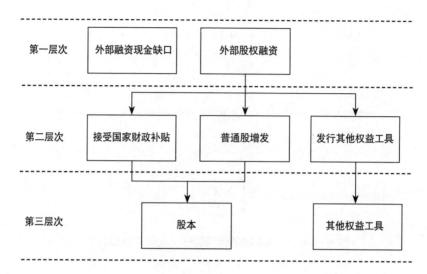

图 4-17　中国交建财务模型——股权融资模型

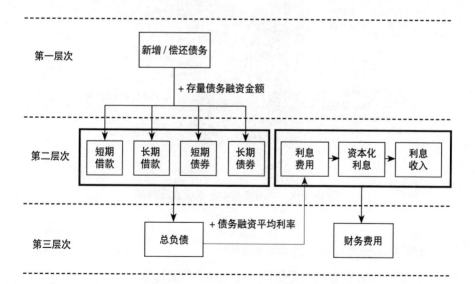

图 4-18　中国交建财务模型——债务融资模型

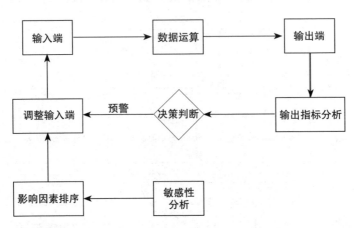

图4-19　中国交建财务模型——模型交互反馈机制

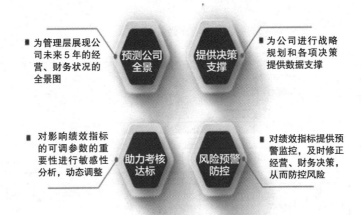

图4-20　中国交建财务模型实际效果

中国交建管理会计报告建设的启示

1. 管理会计报告的主要使用者是企业各级管理者

管理会计报告的使用者是对管理会计信息有需求的各个层级、各个环节的管理者。管理会计不是"财务人员"的会计，是"管理人员"的会计。管理会计报告的使用者，不只是财务高管，还包括非财务高管和业务人员，推广管理会计要致力于促进这些人员使用管理会计报告。企业要致力于完善业务人员使用管理会计报告的机制。

2. 管理会计要有自己的信息产品

管理会计报告是管理会计的信息产品。决策者是该信息产品的需求者，管理会计报告应该包含货币化信息和非货币化信息，具有标准化、个性化、可视化的特征，以满足不同决策者的需要。

3. 管理会计报告是推动管理会计的抓手

管理会计报告是根据财务和业务基础信息加工形成的，以满足企业价值管理和决策需要的内部管理报告。管理会计报告渗透企业的战略、风险控制和价值创造。要使管理会计报告成为推动管理会计的抓手需要做到：一是管理会计报告将财务数据和业务情况深度结合，找到数据背后的业务根因；二是企业根据管理会计报告使用者的需求，形成动态的、及时的决策建议，增强管理会计报告的可用性。

＜问题讨论＞

（1）设计管理会计报告时对财务模式有什么考虑？

（2）企业推动管理会计应用，如何发挥管理会计报告的作用？

第 5 章

共享服务中心的管理
会计信息输出

扫码即可观看
本章微视频课程

➤ 从一个案例讲起[①]

受新冠疫情全球蔓延和石油输出国组织（OPEC）减产谈判破裂等因素影响，国际油价断崖式下跌后持续低位运行，石油石化行业全产业链受到严重冲击。纵观国际形势严峻复杂，国内经济爬坡过坎，国有企业在经济发展中发挥着"稳定器、压舱石"作用，机遇与挑战并存。企业经营环境瞬息万变，所以及时有效地收集到辅助决策的信息对企业来说至关重要。企业需要建立有效的信息沟通渠道，打造全面、完整、及时的管理会计报告体系，在同一平台将业务和财务衔接起来，为管理层经营管理决策提供支持。中国海洋石油集团有限公司（以下简称"中国海油"）推动财务转型变革，加快集团财务管理向战略财务、业务财务和共享财务"三位一体"管理模式迈进，进一步强化"预算管理一个环、会计核算一本账、资金管理一个池、产权管理一条线、风险防控一张网、队伍建设一个规划"的"六个一"财务精益管理理念。为做好财务对公司战略的支撑，中国海油以财务制度体系、财务管理报告体系、财务共享体系、财务数字化体系、财务人才队伍体系"五大体系"的体系化能力建设为基础，构建了一套科学规范、运行高效、与中国特色国际一流能源公司相匹配的集团管理会计报告体系，为企业数字化转型提供可参考的范例。

本书结合中国海油管理会计报告体系的构建与实践，通过包括常规分析、对标分析和专项分析在内的"三大报告体系"以及标准化、协同化、信息化在内的"三化"理念在公司实际管理会计报告体系中的具体应用，

---

① 资料来源：2022 年 5 月工业文化发展中心工信业管理会计案例讨论、《国际石油经济》2021 年第 5 期。

阐述了中国海油管理会计报告体系现状，针对管理会计报告体系构建如何转型进行了思考：一是立足于勘探生产公司定位，构建以业务数据和财务数据融合为导向的全面成本管控体系；二是加强财务和业务大数据建设，向数字化战略会计转型；三是管理会计报告人员和团队转型，做"T型"人才（"–"表示知识宽度广，"I"表示知识深度深，"T"表示复合型知识人才）。

共享系统的五大平台如何加速业财融合

共享服务中心是管理会计报告实现信息化的重要平台。在管理实践中，共享服务中心起步于财务共享中心。

依托数据提供管理和决策支持，是企业财务部门长期以来努力的目标。共享服务和大数据的结合，推动了这一进程。共享服务中心自身运营管理的专业化弥补了传统财务部门在数据处理专业化能力上的不足，为财务承担数据管理职能提供了可能性，推动财务会计向业财融合和管理会计转变，为管理会计报告信息化的实现奠定坚实基础。当共享服务中心具备了数据管理基础和技术手段后，绩效分析、预算分析、盈利分析等内容都将成为可能。首先，共享服务中心将从原来的费用中心、报账中心、结算中心中衍生出数据中心的职能。其次，共享服务中心的业务流程充分体现了业财融合的管理会计思维。比如，从销售到收款流程皆与客户有关。在该流程中，分析客户付款行为、评估客户信用等级、洞察客户信用风险、预测信用额度策略对销售收入乃至整个商业模式的影响意义深远。

在企业管理信息系统中，财务信息系统是各项信息的汇集点，处于核心地位，所有的业务信息都将传递至财务信息系统。管控服务型财务共享中心的定位主要是进行基础交易业务的处理，并对财务基础数据进行统一管理。因此，财务共享中心核心系统所涉及的信息系统主要集中在财务信息系统整体功能框架中的核算层和业务层。

图 5-1 展示了财务共享中心核心系统在财务信息系统中所涵盖的内容

及包含的主要平台，包括业务操作平台、网上报账平台、资金结算平台、运营支撑平台、运营管理平台等，以及各个平台之间的接口关系。五大平台的实施实现了业务信息系统与财务核算系统、资金管理系统的集成，同时也帮助企业建设了财务共享中心，提升了企业财务业务的处理效率及质量，充分发挥了财务共享中心对基础财务核算业务的监控和指导作用，提升了企业整体财务管理水平。

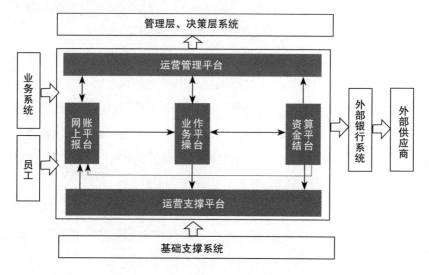

图 5-1　财务共享中心五大信息化平台

　　财务共享中心核心系统中，业务操作平台、网上报账平台、运营支撑平台、运营管理平台、资金结算平台之间相互关联。员工在网上报账平台上提单，同时提交实物单据，单据经运营管理平台中的影像系统扫描上传后，在预算计划内且经过业务审批的单据会到达审核会计；审核完毕之后，账务信息转化成记账凭证传递至业务操作平台，同时向资金结算平台中的银企互联系统发送付款指令；银企互联系统支付完毕之后返回支付结果，资金支出信息将会传递至预算管理系统写入预算资金执行数据。各平台概况将在后文具体介绍。

网上报账平台

　　网上报账平台是财务共享的核心平台，主要对企业的基础信息进行收集和整合，包括业务单据信息收集、流程执行、影像结合、单据派工、自动生成凭证等。网上报账平台作为业财融合财务共享中心系统框架中重要的一环，将会计系统的业务处理从编制记账凭证提前到了业务流程环节，将会计信息系统的关注点从记账凭证转移到了原始凭证，并大大降低了财务基础工作量，使得财务共享中心效率得以大幅提升。

　　网上报账平台作为企业财务数据的采集入口，可以有效规避手工采集数据的弊端，将企业的费用支付数据完全电子化，利用信息技术再现原始业务活动，为每笔支出建立单独的审计线索。系统可以将费用报销延伸到费用发生前的申请、审批和稽核，通过活动申请单实现费用发生的事前控制，能够根据申请审批结果对后续实际发生数进行控制，并作为后续流程的数据来源，最终达到费用发生按计划执行的目的。

　　但是，由于单据审核是每项业务开展的一个重要基础条件，在财务共享中心模式下，财务业务具有特殊性，仅仅依赖报账中心的单据，不能让异地的财务人员全面了解该项业务所有的信息，因此网上报账平台需要与影像系统紧密结合起来。影像系统的建设，需要将票据影像与实物流程统一管理，依托电子影像支撑整个审批流程，实现全电子化的财务共享中心业务流程。通过将原始发票扫描传入影像系统，进行集中、分类管理，随着报账系统的运作将单据流转到每一个节点，支持相关人员随时调阅、存档影像信息。同时，电子档案管理为财务共享中心提供了强有力的支撑，解决了票据实物流转的问题、原始凭证调阅的问题、业务处理的分工和效率问题。网上报账平台与影像系统相结合的模式便捷地实现了集中化的财务处理，解决了跨地域业务处理的问题。网上报账平台业务流程如图5-2所示。

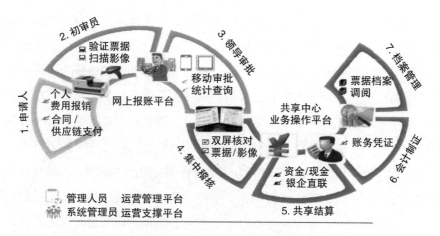

图 5-2　网上报账平台业务流程

网上报账平台有以下几方面的作用。

1. 规范费用管理流程

（1）实现对内员工报销，对外收款／付款的申请、审批的管理控制，支持费用、资产、应收、应付等管理。

（2）节省员工费用报销的提交、审批、处理、支付等所需的时间和精力。

（3）实现全过程的网上审批，单位领导可自由安排审批时间，消除被动审批造成的工作干扰。

（4）实现某些费用申请单据，必须先有申请才能报销的控制，规范报销流程。

（5）应用条码机扫描单据条码，记录报销单据投递情况，稽核时通过条码进行单据定位，快捷查找单据进行稽核。

2. 加强费用控制

（1）对借款的控制。为控制资金风险，单位会对内部员工的借款进行控制，其控制方式一般为控制余额或控制每笔借款的金额，也可以采取两种方式混合的方法。在系统中，按照员工的职务级别等信息设定控制金额，在借款过程中进行实时控制。

（2）对报销的控制。报销过程中的控制主要有两个方面：报销限额和报销标准。报销限额控制是对指定报销项目在一定时间范围内的报销总额进行限制的控制方法，常见的有通信费的月度标准、住宿费的日均标准等。报销标准主要用于计算有关报销费用，如差旅补贴的标准等。在系统中，采用按照员工的职务级别等信息规定报销限额和报销标准，对于报销限额可以设定控制周期为天、月、季、年，并可以进行累计控制。

（3）对预算的控制。费用的申请是否合理、报销的事项是否经批准，这些与报销者个人的限额和标准无关的控制要求，需要根据单位的预算情况进行决策和控制。网上报账平台可以在业务申请阶段实现与预算系统的实时连接，对预算进行预计和检查，对超出预算或者到达预警线的业务进行实时控制。

3．灵活定制表单、审批流程

（1）网上报账平台可以预置大量契合实践需求的单据模板，提供各种费用单据、收付单据的定制。

（2）网上报账平台可以灵活定义报销、申请单据类型及单据格式、打印格式，随时响应用户最新变化。

（3）网上报账平台可以对费用单据设置多级、多步骤的审批流程，支持不同人员不同的审批权限。

4．实时查询，快速统计报表

（1）多维度、多层次、多方式穿透查询，实现管理驾驶舱功能。

（2）费用的不同状态能满足不同时期不同岗位的人员对费用的查询。

业务操作平台

业务操作平台是在对财务和业务系统进行流程梳理和整合的基础上，建立的一个支持财务与业务系统一体化的平台，以实现财务会计流程和经营业务流程的有机融合。该平台设置的基本原则是"业财一体化"，主要为共享服务中心人员所使用，并产生财务基础信息。共享服务中心人员使用该应用平台主要是为了完成业务单据的稽核、复核、凭证处理等业务。

稽核是指共享服务中心人员对单据信息的规范性、有效性，以及原始票据和影像进行核验，补充必要的业务信息及补助计算等。稽核时可联查费用预算信息，也可完成借款的核销。稽核完成后业务操作平台自动发送付款信息到资金结算平台支付；同时，稽核完成后业务操作平台可生成财务凭证，通过接口传递给总账模块。

复核是指共享服务中心人员为了进一步确保单据信息的规范性、有效性，按照授权复核某几类业务和某些单位的报账单，实现分权业务单据处理。共享服务中心人员在复核完成后可以根据业务需要自动生成凭证。单据复核退回时退到稽核节点，并且形成新的稽核任务，新的稽核任务默认处理人为当前单据的前稽核人员。

凭证处理是指已经稽核完毕的各种借款单据需要编制财务核算凭证，利用凭证接口自定义模板功能自动生成满足核算要求的各种凭证。财务人员可以随时从总账的费用核算凭证追溯到每一笔费用报销单据。

业务操作平台在业务市场需求基础上，充分考虑财务需求，将财务所需信息的采集节点都放到业务前端，将财务系统与业务所涉及的人事系统、行政采购系统、资产管理系统、合同管理系统等直接对接，完成整个业财一体化的改造。当一项业务发生时，业务人员操作这些系统，可让业务数据进入信息系统并立即保存到指定的数据库中；同时，该事件触发实时凭证自动产生，虽然实时凭证只是一种虚拟凭证，不是实际的会计凭证，但业务人员可以定期或不定期将实时凭证汇总生成实际的会计凭证。会计凭证一经财务确认，可以立即反映到所有相关的账簿和会计报表中，不需要再经过其他部门工作人员另行录入。此外，分类款项、部门、往来等辅助信息也均能实现自动传递，从而真正做到无缝连接。

运营支撑平台

运营支撑平台主要对财务共享中心的业务开展和运营进行基础信息管

理，实现类型定义与业务定制的集成，包括共享服务中心的组织定义、业务定义、作业规则管理，共享服务中心参数定义，以及共享服务中心用户、岗位和权限的管理等。管控服务型财务共享中心的运营支撑主要包括基础组织信息管理和基础业务信息管理两部分，多方面支持共享服务中心的管理，能够按共享服务中心和业务类型进行流程配置。

对于组织定义，要根据企业的共享服务中心建设方案，依次设置共享服务中心服务定义、业务定义和用户管理。

对于业务定义，要定义支付方式与具体的业务单据类型，设置每种业务单据的格式及借款核销控制，维护员工报销账户管理、委托管理。依次设置：业务申请类型定义、报销类型定义、支付方式、借款核销控制、报销账户管理，并在系统运行过程中根据需要设置委托管理。

管控服务型财务共享中心的运营支撑平台，包括共享服务中心基础组织信息管理和基础业务信息管理两部分，其功能如表 5-1 所示。

表 5-1　运营支撑平台的功能

业务平台	功能类别	二级分类	功能名称	功能说明	备注
运营支撑平台	基础组织信息管理	共享服务中心定义	组织定义	定义共享服务中心内部机构	
			服务参数定义	定义共享服务中心的服务内容	
			影像系统参数	设置影像系统对应关系	
			服务定义	定义共享服务中心服务单位	
		用户管理	角色管理	定义共享服务中心岗位角色	
			用户信息管理	共享服务中心用户信息管理	
	基础业务信息管理	业务类型定义	业务类型定义	定义业务操作平台业务类型	
			活动申请类型定义	定义活动类型	
			报销类型定义	定义报销的业务类型	
			收付款类型定义	定义收付款的方式、类型	
		业务参数定义	业务节点定义	定义共享服务中心节点参数	
			单据条码定义	定义单据条码的类型	

续表

业务平台	功能类别	二级分类	功能名称	功能说明	备注
运营支撑平台	基础业务信息管理	业务参数定义	业务检查项定义	定义业务操作中需要审核校验的检查项	
			作业分配方式定义	定义作业分配方式	
		管理配置定义	绩效考核方式定义	定义绩效考核方式	
			问题类型定义	定义共享服务中心协作问题类别	
			应用类别定义	定义共享服务中心／员工信用类别	
		影像基础信息	影像参数设置	统一设置影像参数	
			参数数据与同步	同扫描仪连接传输参数	
		门户管理	员工业务门户配置	配置员工自助门户	
			自助查询配置	配置业务单据状态自助查询	
			共享服务中心员工门户配置	配置共享服务中心员工门户	

运营支撑平台的设立主要是为了帮助企业提供关于经营层面的相关信息，支持业务领导做出决策。运营支撑平台的良好运作需要与企业内部财务人员及业务人员建立紧密联系：财务人员需要主动获取业务单位的需求，根据需求做出财务信息模型，提供给业务单位；业务人员需要从业务系统中抓取有关销售、收入、毛利、利润、收款、现金流、资金预算等决策支持所需要的财务信息和非财务信息，并将企业经营信息与绩效数据进行对比。在决策过程中，运营支撑平台能根据各级经营决策者和企业高层在企业价值链中所处的不同角度和视野，进行数据权限隔离和控制，做到指标可以向下获取数据明细，还可通过灵活的界限定制，把所有财务和非财务信息联合分析的结果展现给经营决策者和企业高层，为其提供经营决策数据支持。

运营管理平台

运营管理平台是企业对其提供的产品或服务进行设计、运行、评价和改进活动的总工厂。其常见的活动包括：制定科学高效的运作体系，养成规范良好的作业习惯；确保工作按制度执行，不断检查执行效果；随着组织的发展不断优化、创新工作流程等。企业可通过运营管理平台对其价值链上的各项活动进行分析和设计，提高组织运作效益，从而优化对财务共享中心平台业务运营的任务管理、质量管理、绩效管理和运营分析。

任务管理是指系统将各种待处理的业务以任务的形式放在作业池中，由作业人员以抢单模式或单据提取模式从作业池中提取待处理单据，通过各类规则将系统内各类单据在各组织与用户间进行分工。单据的处理结果可用于绩效考核。

质量管理是指系统通过制定质检任务，定期抽检原始票据及会计凭证，对每笔不合规报账做详细记录和整改、稽核追踪，并形成日常质量报告和专项质量报告。系统根据制定的 KPI，对共享服务中心人员的服务进行质量管理，定期通过对单据的质量抽查，了解共享服务中心服务过程的不足，从而不断优化共享服务中心运营，保证共享服务中心的高效率运行。

绩效管理主要是对共享服务中心运营过程中的组织和员工进行业绩考评，是各级管理者和员工为了达到运营目标，共同参与绩效计划制定、绩效辅导沟通、绩效考核评价、绩效结果应用、绩效目标提升的持续循环过程。绩效管理以经营战略和年度经营目标为指导，通过对员工工作绩效的评价，达到奖优惩劣、提高员工绩效水平的目的。

运营分析是指根据条件，查询共享服务中心日常运营所需的统计数据，如单据流转时间、单据分类汇总统计、个人工作量汇总统计、单据处理日报、每日个人工作排名、每日业务处理排名、每日工作情况汇总、单据入池趋势分析、单据处理完成趋势分析、单据库存量趋势分析、单据处理时长对比分析等，方便管理人员掌握共享服务中心的任务情况，协助共享服务中心管理者进行资源调配等。

　　运营管理平台主要包括 9 个方面的内容，如图 5-3 所示。其中：目标管理决定着共享服务中心的管理导向，是开展其他管理活动的基础；流程制度管理、标准化管理及内控质量管理规范共享服务中心的流程和工序，控制输出质量；信息系统则是规范和提升效率的有力工具。随着管理成熟度的提高，绩效管理、人员管理、服务管理和知识管理也越来越受到重视，这有助于调动共享服务中心人员的积极性，保持健康的活力，引导并形成共享服务中心独有的组织文化。

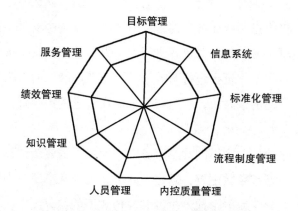

图 5-3　运营管理平台的内容

　　管控服务型财务共享中心运营管理平台的建立过程是共享服务中心不断优化自身管理工具和管理手段的过程。建立运营管理平台，能够使共享服务中心的管理手段更加多元化，使共享服务中心的管理更加规范有序，从而带来管理效率和管理效果的提升。

　　但是，引入共享服务意味着会带来复杂的变革，要求管理者具备更多的非传统的管理能力，对管理者来说是一种挑战。管理者需要重新审视，共享服务中心如何为企业增加价值，并以此为出发点，设定共享服务中心的业绩基准，设定客户对共享服务中心的预期等。为了确保共享服务中心有能力达到这种预期，管理者必须在流程设计、绩效、质量、服务等各个方面建立管理体系，不断检查和更新业绩指标，对供应商与客户关系进行有效而持续的管理，不断审查、完善伙伴关系协议，鼓励共享服务中心以低成本提供高效率、高质量、高满意度的服务。

资金结算平台

随着企业经营管理理念的转变和财务管理水平的不断提升，越来越多的企业都在考虑通过有效的资金管理工作，强化集团财务管控，实现资金价值最大化。为了实现集团资金管控的目标，许多企业选择建设和实施资金管理系统，将原先分布在各个地区分公司的大量资金支付、银企对账等工作汇总到共享服务中心，对资金进行集中管理，充分发挥集团资金的规模效应，并对集团整体资金进行有效管控，防范风险。而作为资金管理系统中一个举足轻重的子系统，资金结算平台在资金的集中管控和风险防范上发挥着巨大作用。

资金结算平台可以为不同共享服务中心模式下的资金结算业务提供统一的办理平台，通过参数配置，满足不同企业由于共享服务中心和资金中心的组织定位及分工差异形成的多种共享模式下的结算场景，实现报账、结算、线上支付的一体化管理。资金结算平台集成自动电子结算、资金计划管理、资金整体管控、平衡有序调动、内部调剂、外部借款等，能够承载和处理所有涉及现金收付的资金业务，不仅为共享服务中心的效率提供了保证，也成为财务管理的重要手段。

企业实施资金共享、推行资金集中管理一般需要建立集团内部的金融管理机构或资金组织，如财务公司、结算中心或内部银行等，通过建立集团结算账户资金池，为每家下属成员单位提供资金结算服务。资金管理涵盖了资金计划管理功能、银企互联功能，以及资金支付功能等，将企业的ERP 系统、业务系统、银行系统贯通，实现资金管理的无缝对接。

管控服务型财务共享中心的资金结算分为三步：资金结算分析、计划控制、计划执行，如图 5-4 所示。

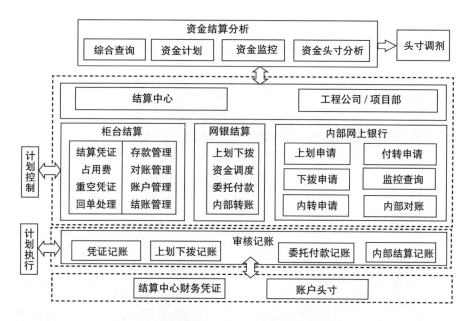

图 5-4　管控服务型财务共享中心资金结算的步骤

第一步是对资金结算进行分析，对整体资金综合分析，全面了解企业的资金计划以及资金头寸，掌握企业实时的资金状况；第二步是对整个资金计划进行控制，包括柜台结算和网银结算，完善线上线下的资金支付业务操作规范；第三步是在计划执行过程中做好业务留痕工作，与业务操作平台、影像系统等做好对接，推动整个资金结算平台顺利运作。

资金结算平台帮助集团资金业务构建了统一的标准，规范了资金支付及结算流程，实现了对资金收支的全过程、精细化、动态化管理，提高了资金整体服务水平，提升了工作效率。资金结算平台有利于企业管理者把握资金头寸、控制现金流，更有利于总部资金管理层了解下属成员单位的资金状况，在更广的范围内迅速而有效地控制好现金流，从而使现金的保存和应用达到最佳状态。资金结算平台还帮助集团降低资金成本、优化资金结构、减少资金占用，有利于系统使用者提高工作效率，将更多的人力、物力用于价值更高的管控分析活动。

共享信息输出：数据可视化呈现

数据可视化的方式

1. 数据可视化的重要意义

与文字或原始数据相比，经过可视化处理的数据能够帮助我们更为轻松地表述观点。随着数据量的激增，易于使用的数据可视化软件不断被开发出来，这让数据可视化迅速成为管理会计人员的标准工具。数据可视化是以一种有意义的方式来展示数据的形式，它能够提供见解，为组织更好地制定决策提供支持。数据可视化的核心在于它是一种增强沟通的工具，其强大的作用表现在它可以帮助受众理解大型数据集，而且还可以帮助受众发现那些在其他情况下可能被忽视的模式或趋势。

2. 管理会计中应用数据可视化

管理会计涉及管理决策制定过程中的合作伙伴关系，而决策依赖于数据。在当前的业务环境下，数据的收集速度加快，数据量激增，管理者需要以更多的方式来解读大量数据，以便为制定决策提供信息支持，同时帮助他们交流和分享这些分析成果。数据可视化是一个有效的工具，可以帮助管理者推动决策进程并施加影响。

管理会计所应用的数据可视化可分为两种类型：探索性数据可视化和阐释性数据可视化。探索性数据可视化有助于深入解读业绩表现；阐释性数据可视化有助于交流分析结果，进而影响变革和改进。探索性数据可视化是指通过探索数据来挖掘深层次内容，以帮助我们更好地理解基础数据。

数据探索是一个发现过程，其目的是围绕数据形成深入的观点和见解。探索性数据可视化可以帮助我们描述数据、发现关系及模式或趋势，识别出反常现象和异常值。阐释性数据可视化以清晰而简练的方式来分享分析结果，从而有利于后续采取相应措施。

数据可视化的内容

1. 探索性数据可视化的操作流程

探索性数据可视化的操作流程包括：检查数据、研究分布情况、研究相互关系、识别模式。

（1）检查数据。

检查数据是探索性数据可视化的第一步，有利于确保没有忽略数据中存在的显而易见的问题。检查数据要重点关注：围绕分析目的或所研究的问题，检查图例中各个柱形是否具有实际意义；这些数值是否具有实际意义；这些数值的表述是否采用了适当的刻度；是否存在遗漏的数据点。

（2）研究分布情况。

探索性数据可视化流程的第二步是研究分布情况。通过了解数据是如何分布的，快速识别潜在的异常值、意外分布情况以及潜在的计量错误。采用何种可视化方式来查看分布情况，取决于探究数据的类型。比如，散点图非常适合于查看数值型数据的分布情况。

（3）研究相互关系。

探索性数据可视化流程的第三步是研究相互关系。探索性数据可视化可以帮助管理者确定数据之间的相互关系是否符合预期，或是发现数据之间的新关系。单变量数据分析有助于查看某个变量的分布情况，而双变量数据分析有助于理解两个变量之间的关系。

（4）识别模式。

探索性数据可视化流程的第四步是研究数据以确定其模式或趋势。这一步需要探究数据以查看其是否符合预期模式，或是存在预期之外的模式。

条形图和折线图是两种最为常见的可用于识别模式的可视化方式，它们都可以显示时间轴线上的变化，并帮助我们理解背后的某种规律。

综上，探索性数据可视化需要开展四项工作：首先是检查数据，确保数据具有实际意义并准确无误；其次是通过探索数据来研究数据的分布情况；再次是根据数据的分布情况来研究数据之间的关系；最后是识别数据所隐含的模式和趋势。探索性数据可视化可以帮助我们深入解读数据并形成见解。

2. 阐释性数据可视化的操作流程

阐释性数据可视化的操作流程包括：准备阶段和制作阶段、验证数据、明确目的、考虑目标受众、选择有效的视觉展示方式、遵循最佳实践、讲述数据故事。

（1）准备阶段和制作阶段。

准备阶段需要确保数据是正确的且符合分析标准。此外，还需要考虑分析的目的以及服务对象。之后是制作阶段，即选择一种有效的视觉展示方式，遵循最佳实践，并通过讲述故事来有效地分享研究成果。

准备阶段和制作阶段后的具体流程如下。

（2）验证数据。

验证数据应满足以下标准。一是准确性，即数据是否准确无误。数据的准确性是指数据不存在任何错误，真实可靠，并且能够代表那些我们正试图予以视觉展示的现象。二是完整性，即是否收集了足够的相关数据。数据的完整性是指收集了足够的应该收集的数据，换而言之，也就是没有遗漏应该收集的数据。三是一致性，即数据格式是否保持一致。数据的一致性是指不存在数据格式不统一的情况。例如在各个期间，日期按相同的格式、数值以相同的币值进行列示。四是时新性，即数据是否为最新数据。数据的时新性是指可视化所使用的数据是最新的。五是即时性，即是否可以随时访问和获取所需数据。即时性是指只要需要就可随时访问和获取可视化所需的数据。

（3）明确目的。

实施阐释性数据可视化，需明确分析目的，避免在探索阶段陷入侧重展示可视化作品本身的陷阱，探索的目的是寻找真知灼见。我们应该与受众分享所获得的见解，而不仅仅是可视化技术层面的实现过程。

（4）考虑目标受众。

在实现可视化的过程中，需要充分考虑目标受众，例如目标受众的知识背景、是否是决策者等。如果目标受众对分析报告的相关背景比较了解，就没有必要详细介绍。提供一份受众能够理解的分析报告，一个重要方面就是确保我们选择了有效的可视化展示方式。一旦对数据拥有充分信心，明确界定了分析目的，了解了目标受众，就可以着手制作图像来分享分析成果。

（5）选择有效的视觉展示方式。

理想的可视化是将分析目的和工作与需要进行可视化的数据匹配起来，常用的可视化方式包括：一是面积图，展示数据在时间轴线上的变化；二是条形图，将部分与整体进行比较，突出显示类别，或展示时间轴线上的变化；三是气泡图，突出那些差异明显或出现异常值的独立数值；四是直方图，展示频率分布；五是折线图，展示一个或多个数据系列，可以使用多个数据系列和数据点；六是饼图，用于简单说明部分与整体的关系；七是堆叠条形图，用于多次比较部分与整体的关系；八是散点图，用于突出展示大规模数据的相关性和分布；九是树状图，针对较多的分类，用于展示部分与整体的关系。即便选定了拟采用的可视化方式并遵循了相关的最佳实践，我们仍需进一步开展某些工作才能实现有效的可视化。

（6）遵循最佳实践。

遵循最佳实践要避免罗列非必要信息，使得可视化内容杂乱无章。另外，要利用最佳实践，引导受众将注意力集中到最重要的可视化内容上。

（7）讲述数据故事。

用数据来讲故事是财务人员的一项基本技能。研究表明，故事可以让人记忆深刻。数据故事需具备三个要素：数据、描述和图像。数据和描述相互穿插，让数据故事徐徐展开。数据和描述提供了背景和注释，可以帮助受众理解分析结果。数据和图像的穿插能启发受众理解相关观点。数据故事可以遵循以下最佳实践。针对拟使用的内容，勾勒出视觉轮廓。在纸上或白板上列出大纲，而不是借助于幻灯片，这可以让我们免于陷入一张接一张的幻灯片或一个接一个的视觉创作，从而迷失方向。在数据分析中，我们可能认为自己制作的每一个图像和采取的每一步行动都至关重要，但是，数据故事只应包含关键的分析和图像。

除了应用数据可视化以及讲述故事方面的最佳实践之外，我们还要确保数据可视化图像不具误导性。

在当前数据驱动的商业世界中，实现数据可视化已成为一项关键技能。数据可视化不仅可以探索数据以形成深入见解，还可以将这些见解分享给利益相关者。在制作数据可视化内容的过程中，应遵循最佳实践，然后利用这些可视化成果来讲述数据故事，这样做不但可以帮助组织推行变革，还可以为利益相关者带来价值。

数据信息体系

内部：业财融合数据

1. 企业财务能力数据

企业财务能力数据可通过编制企业财务能力分析表提供。

编制目的：便于企业对标行业情况分析企业各项能力。

构成：资产负债率、带息负债率、现金比率、产权比率、总资产收益率、净资产收益率、期间费用占比、成本费用占比、产品综合毛利率、总资产周转率、存货周转率、流动资产周转率、应收账款周转率、销售收入增长率、总资产增长率、营业利率增长率、国有资本保值增值率等的行业较差、行业平均值、行业优秀、本期实际值等数据。

企业财务能力分析表示例如表 5-2 所示。

表 5-2　企业财务能力分析表

指标大类	指标	行业较差	行业平均值	行业优秀	本期实际值
偿债能力指标	资产负债率				
	带息负债率				
	现金比率				
	产权比率				
盈利能力指标	总资产收益率				
	净资产收益率				
	期间费用占比				

指标大类	指标	行业较差	行业平均值	行业优秀	本期实际值
盈利能力指标	成本费用占比				
	产品综合毛利率				
营运能力指标	总资产周转率				
	存货周转率				
	流动资产周转率				
	应收账款周转率				
发展能力指标	销售收入增长率				
	总资产增长率				
	营业利率增长率				
	国有资本保值增值率				

2. 市场客户数据

市场客户数据可通过编制市场客户增减分析表提供。

编制目的：便于企业对市场客户的变动进行分析。

构成：增加或减少市场 / 客户的产品、销量影响、收入影响、毛利影响、原因分析等数据。

市场客户增减分析表示例如表 5-3 所示。

表 5-3　市场客户增减分析表

市场 / 客户	产品	销量影响	收入影响	毛利影响	原因分析
增加	小计				
	1				
	2				
	3				
	……				
减少	小计				
	1				
	2				

续表

市场 / 客户	产品	销量影响	收入影响	毛利影响	原因分析
减少	3				
	……				

3. 分产品数据

分产品数据可借助波士顿矩阵来提供。

以波士顿矩阵为例的分产品数据如图 5-5 所示。

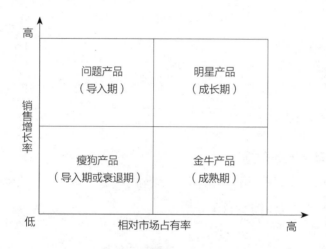

图 5-5   以波士顿矩阵为例的分产品数据

4. 价值链数据

价值链数据可通过价值链预算完成表提供。

价值链预算完成表示例如表 5-4 所示。

表 5-4   价值链预算完成表

序号	价值链	单位	20×× 年 ×× 月			详细分析
			累计预算	累计完成	完成比例	
1	设计降本	万元				构成分析
2	采购成本(直接材料)	万元				

续表

序号	价值链		单位	20××年××月			详细分析
				累计预算	累计完成	完成比例	
3	制造成本	生产成本（不含材料费）	万元				制造费用分析
		产销差异	万元				
4	质量成本		万元				构成分析及质量指标分析
5	销售费用		万元				作业预算分析
6	物流成本		万元				作业预算分析
7	设计费用		万元				作业预算分析
8	管理作业成本		万元				作业预算分析
9	采购作业成本		万元				作业预算分析
合计			万元				

注："设计降本"即通过设计源头降低成本。

5. 劳动生产率数据

劳动生产率数据可通过劳动生产率表提供。

劳动生产率表示例如表 5-5 所示。

表 5-5　劳动生产率表

劳动生产率完成情况：

序号	项目	单位	累计实际	全年目标	完成进度
1	工业增加值	万元			
2	平均从业人数	人			
3	劳动生产率（序号 1/ 序号 2）	万元 / 人			

在职人员分析：

序号	分类	单位	20××年	（20××+1）年			
				预算（年末人数）	累计平均	差异	备注
1	管理	人					
2	研发	人					

续表

序号	分类	单位	20××年	（20××+1）年			
				预算 （年末人数）	累计 平均	差异	备注
3	采购	人					
4	销售	人					
5	质量	人					
6	制造	人					
7	物流	人					
8	劳务工	人					
-	合计	人					
-	增幅	%					

外部：行业及产业数据、宏观经济数据

宏观形势及行业分析中，宏观形势一般意义上主要指宏观经济形势，特定背景或者环境下也可以考虑其他情况，比如国际、国内政治形势等。宏观经济形势是指宏观经济发展状况及其趋势。影响企业运行的宏观经济指标主要有：国民生产总值及其变化、社会消费品零售总额及其变化、价格水平及其变化等。此部分分析，主要根据经济运行各方面的内在联系，通过能够取得的经济指标，对宏观经济形势做出判断。

基于企业实际情况，此部分内容可能需要借助更多的外部资源。另外，此部分内容主要用于长期规划、年度预算或者宏观形势已经出现或很大可能出现对企业有重大影响的特殊情况下的专题汇报。此部分分析可借助PEST分析模型、外部因素评价矩阵等，也可参考后文表格。

主要宏观经济数据

1. 主要宏观经济指标表

主要宏观经济数据可通过主要宏观经济指标表提供。

编制目的：让企业及时了解所处的宏观经济环境及变化趋势。

构成：横坐标包括上年全年和前三季度的实际发生数，以及本季度和本年全年的预测数，纵坐标包括 GDP、CPI、PPI、工业增加值、企业利润、社会消费品零售总额、固定资产投资、出口、进口、M2 等的实际值和预测值。

主要宏观经济指标表示例如表 5-6 所示。

表 5-6　主要宏观经济指标表

序号	指标名称	实际值				预测值	
		上年全年	（N-3）季度	（N-2）季度	（N-1）季度	N季度	本年全年
一	经济增长						
1	GDP						
二	通货膨胀						
1	CPI						
2	PPI						
三	工业						
1	工业增加值						
2	企业利润						
-	总额						
四	消费						
1	社会消费品零售总额						
五	投资						
1	固定资产投资						
六	对外贸易						
1	出口						
2	进口						
七	货币						
1	M2						

注：指标为同比。

行业分析主要指产业行业形势分析，是指对企业生产经营的主要产品

（产业）的行业整体发展状况和发展趋势的分析、判断和预测。此部分内容主要涉及行业政策分析、行业消费需求分析、行业内竞争对手分析、其他相关产业的发展情况分析等。主要从四个方面考虑：竞争形势、运营环境、客户和供应商。竞争形势需要考虑主要竞争者的行动、新竞争者的进入、主要兼并和收购、竞争格局的变化（例如从产品到服务）；运营环境需要考虑政策的变化（例如经济、劳动力、税收等）；客户方面主要关注主要客户的行为和计划、主要客户份额的变化、客户需求的变化、新的分销渠道、中间环节的减少；供应商方面主要关注制约因素（例如劳动力、设备、原材料）、质量、价格、交货时间、信用期限和支付方式的变化。

2. 行业趋势分析表

编制目的：让企业及时了解所处行业的整体发展趋势。

构成：行业总体销量以及不同细分产品销量的本期和累计数据。

行业趋势分析表示例如表 5-7 所示。

表 5-7　行业趋势分析表

细分市场	本期			累计	
	本期销量	环比增长	同比增长	累计销量	同比增长
行业总体销量					
1. 产品大类 1					
1.1 产品 1					
1.2 产品 2					
2. 产品大类 2					
3. 产品大类 3					

3. 行业对标分析表

编制目的：让企业及时分析销售数据及其与行业的差距。

构成：各对标对象及本企业的本期销售、累计销售和市场占有率等数据。

行业对标分析表如表5-8所示。

表5-8　行业对标分析表

企业集团	本期销售		累计销售		市场占有率
	销量	同比增减	销量	同比增减	
对标对象1					
对标对象2					
对标对象3					
本企业					

管理驾驶舱

　　管理驾驶舱作为向企业中高层提供战略决策的管理工具，是企业经营管理的神经中枢，是直观地监测企业运行情况、动态地反映关键指标体系的一站式决策支持系统。管理驾驶舱整合集成了企业的财务、非财务信息，打通了各系统的数据壁垒，构建了适应自身业务特点和发展需求的数据中台，成为企业开展数字化转型的重要推手。

1. 管理驾驶舱的统御作用

　　管理驾驶舱可以以信息平台的方式反映企业战略与业务的执行情况，是依托先进的信息技术架构和理念实现战略管理和营运决策的工具，其主要作用如下。

　　一是经济运行监控。管理驾驶舱的多维度立体展现，对企业各项经营活动相关指标进行有效监控和动态展示，有助于管理者尽早发现生产营运过程中的偏差并及时纠偏。

　　二是动态考核评价。管理者通过管理驾驶舱可以动态掌握企业及各事业部、下属公司的经营指标、预算指标、考核数据的情况，动态感知运行状态和各预算部门的业绩情况，从而及时做出绩效考核和资源调配。

2. 管理驾驶舱的特点

管理驾驶舱类似于一个高度智能化的管理指挥部，管理者通过管理驾驶舱的多维立体动态演示，可以及时掌握有关财务、业务、竞争对手、监管指标、客户信息、企业内部业务和质量体系信息。管理驾驶舱具有以下特点。

一是指标变动的直观性。管理驾驶舱以图表、仪表等多维立体格式向管理者展现企业各种绩效指标、经济指标，如经营成本、利润总额等。管理者通过管理驾驶舱，能够更加全面、动态地掌握企业经营状况，制定精细化的管理决策。

二是数据类型的可配置性。管理驾驶舱具有数据挖掘、灵活配置、多维展现等多种优势，操作人员可以依据管理者的不同需求个性化配置和展示指标数据，通过灵活配置，实现差异化、精准化管理。

三是系统的全面性。管理驾驶舱由展现层、分析层、数据层三个层次组成，基于业财一体化的数据仓库形成各类可视化表格，数据全面，并且可以实现数据钻取，具有系统的全面性。

3. 管理驾驶舱是管理会计报告可视化的载体

管理会计报告是企业内部用于经营管理的标准化体系，也是企业管理者实施管理决策的重要依据。将管理驾驶舱应用于管理会计报告的信息化过程，构建一个以管理会计指标体系为核心的可视化平台，不仅可以有效整合财务结果指标与经营指标，全面反映企业经营情况，为管理决策和经营预警，还可以借助这一过程持续完善数据治理体系，进一步规范数据标准、建立健全数据治理相关管理流程，实现基于业财融合的数据治理。因此，企业应以管理驾驶舱构建为契机，自上而下推动业财一体化信息化建设，夯实数字化基础，推进各财务、业务系统与管理驾驶舱之间数据的互联互通，强化数据治理、构建数据中台，逐步实现管理会计报告分析的线上化、取数的自动化，助力企业数字化转型。

＜经典案例＞

管理会计报告的创新与实践——中国石化资产分类管理会计报告 [①]

案例背景

中国石油化工股份有限公司（以下简称"中国石化"）首次提出"资产分类管理报告"，讨论这一创新性的管理会计报告的生成动机、编制流程和应用效果，有助于拓展管理会计报告的理论框架，并为其他企业的管理会计报告创新发展之路提供借鉴。

中国石化是我国一体化国有能源化工公司之一，截至 2021 年拥有全资及控股子企业 1 694 家，其中上市公司 9 家。中国石化在一定程度上存在着"大而不强"的问题。2014 年以来，国际原油价格的断崖式下跌更是加剧了中国石化面临的经营风险，导致其资产创效能力进一步下降。中国石化 2009—2018 年的创效情况如图 5-6 所示。为了有效应对宏观及市场环境的变化，中国石化在 2018 年针对资产管理工作提出了新的目标：力争 2020 年年末，净资产收益率达到 5.5% 以上；2023 年年末，净资产收益率接近国内行业优秀水平。与此同时，企业内部展开了资产分类管理专项工作，旨在将企业的全部资产按照价值创造能力进行分类，编制资产分类评价创效报告，从而为管理提供依据，确保战略目标的顺利实现。

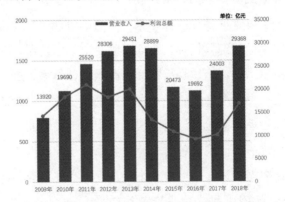

图 5-6 中国石化 2009—2018 年的创效情况

---

① 资料来源：《中国管理会计》2021 年第 2 期。

　　资产是企业拥有的能够带来未来收益的经济资源，根据资源基础理论，企业在经济资源上的差异是企业获利能力不同的重要原因。因此，资产的质量对于企业获取超额利润和创造价值而言至关重要。关于资产质量的评价标准，理论和实务界已经形成了许多观点，从资产的存在性、盈利性、周转性、保值性、单独增值质量以及与其他资产的组合增值质量等角度，对资产质量进行了多维度的评价[①]。张新民（2001）指出，资产质量是特定资产能够满足企业的预期效用和发展战略的程度。这意味着在评价资产质量时，应当以企业预期通过使用该资产获得的效用为基准，并与战略目标紧密结合。基于这一理念，中国石化依据某一资产与当前企业战略定位的契合程度以及对预期经济效益的实现程度这两个维度，创新性地将所有资产项目分类为**高效、低效、无效和负效资产**。同时，为各类低效、无效和负效资产制定增效盘活计划，监控计划的实施过程，定期报告资产的创效情况，在此过程中形成了一系列独特的资产分类管理会计报告。最终，中国石化构建起了一套包括指导纲领、基础设施、报告体系以及激励约束机制在内的**资产分类评价创效管理体系**，将资产管理工作落实为一项制度性、长期性、系统性、全面性的专项工作。在这套资产分类管理框架的帮助下，中国石化在过去的两年里资产使用效率和创效能力均有了较为显著的提升。

　　中国石化的资产分类管理工作从三个层面实现了创新和突破：一是资产分类管理体系的创新，二是管理会计报告体系的创新，三是资产分类标准体系的创新。

　　首先，中国石化构建了一套完整的资产分类评价创效管理体系，为管

---

① 资料来源：余新培. 资产质量和收益质量及其分析 [J]. 当代财经 ,2003(02):119-121.
谢永埭. 资产质量与财务困境 [J]. 财会月刊 ,2007(35):23-25.
张春景 ,徐文学 . 我国上市公司资产质量评价的实证分析 [J]. 财会月刊 ,2006(20):19-21.
张新民 ,钱爱民 ,陈德球 . 上市公司财务状况质量：理论框架与评价体系 [J]. 管理世界 ,2019(07):152-166+204.
张新民 . 企业财务状况质量分析理论研究 [M]. 北京：对外经济贸易出版社 ,2001.

理会计报告在企业中的应用提供了可借鉴的操作指引。中国石化在进行资产分类评价创效工作的过程中，逐渐建立了一套完整的管理体系，从指导纲领、基础设施、管理会计报告体系、奖惩机制等诸多方面为资产分类评价创效工作的落地提供了保障，其做法可以为其他企业提供有益的借鉴。

其次，中国石化首次构建了资产分类管理会计报告体系，是管理会计报告在形式和内容上的一次巨大创新。中国石化基于自身战略目标和价值管理需求，创新性地提出了"资产分类管理会计报告"这一报告形式，并基于资产管理活动的计划、实施、控制、评价等关键流程针对性地设置报告内容，创建了资产分类管理的统计报告、监控报告和创效报告。通过这一系列报告，中国石化在资产分类管理活动的各环节之间建立起因果关系链，将战略目标层层分解、落实，同时把价值管理的成效逐级汇总、反馈，最终形成对下一步行动的建议和提示。

最后，中国石化从价值创造能力这一视角出发，提出了新的资产分类标准体系，为资产质量特征的评价提供了理论和现实依据。中国石化结合自身高质量发展的需求，将资产创新性地分类为高效、低效、无效和负效资产，并根据资产的性质（例如固定资产、无形资产、存货、长期股权投资等）提出了具体的分类标准，形成了一套涵盖集团公司所有资产项目的资产分类标准体系，可以切实用于指导实践，具有极强的实践指导意义。

资产分类评价创效管理体系概况

在实际开展工作的过程中，中国石化逐渐形成了资产分类评价创效管理体系（见图5-7），包括资产分类管理的**指导纲领、基础设施、管理会计报告体系以及绩效考核**。

开展资产分类管理工作的**指导纲领**指的是由总部下达的有关资产分类评价创效工作的制度文件，包括资产分类标准、资产分类管理的目标和原则等。

资产分类管理工作的**基础设施**包括组织职能体系和资产分类管理信息系统等两个方面。

管理会计报告体系是整个管理体系中最为关键的要素，它是资产分类管理工作的具体实施过程的体现，也是评价资产管理成效的依据。从内容来看，这套报告体系包括三种类型的管理会计报告：**一是**资产分类统计报告，其主要作用是列示企业各项资产的分类结果；**二是**资产分类监控报告，旨在提出低效、无效和负效资产的增效盘活计划和具体措施，并监督实施；**三是**资产分类创效报告，旨在对增效盘活计划的实施效果进行分析。从报告使用者所处的管理层级来看，每一种具体的报告类型又都可以分为战略层报告、经营层报告和业务层报告。不同内容和管理层级的报告纵横交错形成一个"矩阵"，覆盖了中国石化资产分类管理专项工作的全部流程，最大限度地确保了资产创效能力的提升和企业战略目标的实现。

绩效考核是针对经营层和业务层人员的激励和约束机制，是为了保证资产分类评价创效工作的完成效果而设置的。

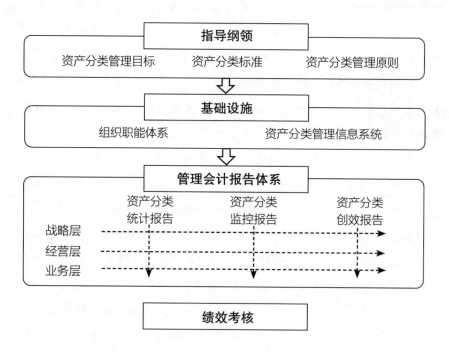

图 5-7　中国石化的资产分类评价创效管理体系

指导纲领和基础设施

1. 资产分类标准

中国石化依据资产与企业战略定位的契合程度以及对预期经济效益的实现程度这两个维度，将资产项目分类为高效、低效、无效和负效资产。**高效资产**指符合战略要求，能够正常运转、有效利用，为企业带来正常直接或间接经济效益的资产。**低效资产**指虽能在生产经营中发挥一定作用，但长期使用效率低、未达预期经济效益的资产。**无效资产**指长期处于闲置或积压状态，没有盈利能力，无法为企业带来直接或间接经济效益的资产。**负效资产**则指与企业战略定位关系不大，长期扭亏无望或给企业带来直接或间接经济损失的资产。

中国石化还出台了《中国石化资产分类评价标准》，针对五类流动资产和十二类非流动资产，详细规定了将其划分为高效资产、低效资产、无效资产和负效资产时所依据的决策指标以及阈值，形成了一套完整的、具有极强实操性的资产分类标准体系。值得注意的是，中国石化会每年根据上一年度的工作反馈对资产分类评价标准进行修订，使其日益完善。

2. 资产分类管理的目标和原则

资产分类评价创效管理体系的构建需要明确的目标指引。中国石化的资产管理目标是从其整体战略部署衍生而来的。中国石化于 2018 年提出了"两个三年、两个十年"的战略部署：2018—2020 年，实现全面可持续发展；2021—2023 年，迈入高质量发展阶段；2035 年前，建成世界一流能源化工企业；到 21 世纪中叶，建设基业长青的世界一流能源化工企业。为了帮助整体战略部署顺利落地，中国石化在资产管理领域提出了具体目标：力争 2020 年年末，净资产收益率达到 5.5% 以上；2023 年年末，净资产收益率接近国内行业优秀水平，高效资产达到 85% 以上，基本消灭负效资产，资产质量基本优良。中国石化独特的资产分类评价创效管理体系正是在这一目标的指引下建立的，旨在调动包括总部战略和资本运营中心、板块业务运营中心以及企业执行中心在内的整个企业治理体系，对企业所有资产项目的全生命周期进行全流程闭环监控，以提高资产创效能力。

中国石化的资产分类管理遵循以下五条基本原则。**一是战略导向原则**，即从集团整体的战略定位出发来制定资产分类管理方案，不仅要关注资产实现预期经济效益的程度，更要考察资产的性质是否符合企业未来发展战略的要求；既关注收益的数量，也重视收益的质量。**二是效率优先原则**，指的是在符合战略定位的前提下，重点关注资产的价值创造能力和效益贡献水平，基于资产分类统计结果，制定资产优化配置和盘活处置措施，提高资产运营效率和创效能力，从而助推企业竞争力的提升。**三是协同推进原则**，指全面统筹企业在产、供、销环节的各项资产，统筹资产的新建、运营、处置等各生命周期阶段，统筹包括战略层、经营层和业务层在内的整个企业治理体系，统筹业务、财务、信息技术服务等各项组织职能，在企业内部全面和持续地推进资产分类评价创效工作。**四是依法合规原则**，指资产分类管理工作要遵守国有资产监督管理委员会关于国有资产运营的相关法规，以及中国石化资产管理制度的要求，严格履行内控程序和审批手续，规范各类经济行为，发现国有资产价值，防止国有资产流失。**五是评价与考核并重原则**，指的是要同时注重对资产创效能力的分类评价工作和对低效、无效、负效资产的增效盘活工作，评价的目的是增效和创效。年终对增效创效的成果实施考核，并进行相应的奖惩，从而形成资产分类评价创效工作的闭环管理。资产分类管理的目标和原则为中国石化的资产分类评价创效工作提供了行动方向。

3. 资产分类管理的组织职能体系

资产分类管理工作需要对企业所有资产项目的全生命周期进行全流程评价和监控。从纵向来看，这项工作涉及总部、各业务板块和一线企业；从横向来看，需要统筹业务部门和财务部门，因而涵盖了整个企业治理体系。中国石化按照一体化管理、专业化分工、具体化负责的管理思路来构建资产分类管理的组织职能体系。将总部确定为战略层，将业务板块确定为经营层，将一线企业确定为业务层，明确各层次在资产分类评价创效工作中的职责范围和权力边界。图5-8简要列示了资产分类管理组织职能体系的三个层次。

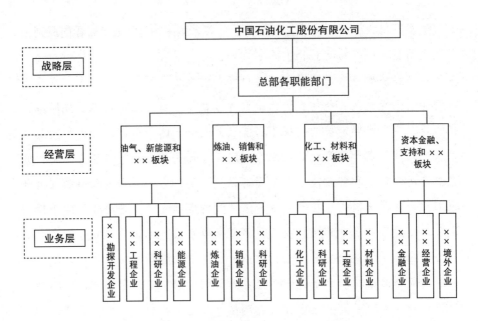

图 5-8　资产分类管理组织职能体系

　　总部各职能部门是资产分类评价创效工作的管理责任主体，负责组织、指导、协调和推动资产分类评价创效工作的开展。

　　各业务板块是资产分类评价创效工作的监控责任主体，主要负责落实总部的资产分类管理计划和跟踪、督导下属企业的资产分类评价创效工作。

　　各企业是资产分类评价创效工作的实施责任主体，在经营层的指导下实施资产分类评价创效工作。

4. 资产分类管理的信息系统

　　中国石化的资产分类评价创效工作依托资产分类管理信息系统而开展。该系统涵盖集团内全部资产，设置资产业务管理模块、价值管理模块、评价管理模块和经营创效模块。各模块的功能如下。

　　资产业务管理模块反映资产业务运营情况，包括各类资产投入、调拨划转、报废处置等业务审批管理。价值管理模块提供资产的原始价值、账面价值、预计残值等信息。评价管理模块用来反映对资产的分类评价结果。经营创效模块用来滚动反映低效、无效、负效资产的盘活创效计划的完成情况。业务层可以根据此模块的信息来调整盘活创效措施，经营层可以据此对创效过程进行实时监控，战略层则可以及时地获取整体资产创效情况、研判市场形势和进行决策。

管理会计报告体系

1. 资产分类管理的流程

中国石化的资产分类评价创效工作以年度为时限，形成一套闭环管理流程。各环节涉及的管理层级和工作职责如图 5-9 所示。

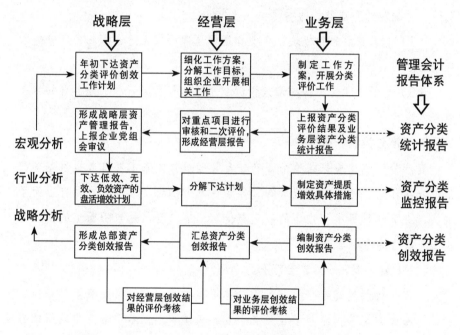

图 5-9 中国石化资产分类管理的工作流程

（1）每年年初，集团总部在对企业内外部环境进行分析的基础上，结合年度工作会议要求，制定并下达资产分类评价创效工作计划，组织全系统开展资产分类评价创效工作。

（2）各业务板块结合板块经营重点和特点细化资产分类评价创效工作方案，将业务板块的创效目标分解到下属企业，指导所属企业开展资产分类评价创效工作。

（3）业务板块对业务层的资产分类统计报告进行全面审核，对重点项目的分类结果进行二次评价，汇总编制经营层报告并上报总部。

（4）总部审核经营层的资产分类评价结果之后，形成战略层资产管理报告，据此制定和下达低效、无效、负效资产的盘活增效计划。

（5）资产增效盘活计划层层分解，下达至一线企业，企业结合自身实际制定各项资产的提质增效措施并执行。

（6）企业对内部各资产的创效情况进行初审，确保增效盘活措施执行到位，并编制业务层监控报告。

（7）年末，由业务板块、企业和集团总部层层汇总、编制资产分类创效报告。

（8）基于年度资产提质增效情况，集团总部对经营层、业务层的相关责任人进行考核评价。

2. 资产分类统计报告

资产分类统计报告在整个资产分类管理报告体系中发挥着提供基础数据的支撑作用。资产分类统计的工作经过两个阶段。第一阶段是自上而下的资产分类统计标准和方案的制定与传达，第二阶段是自下而上的资产分类统计报告的编制与汇总。

（1）第一阶段——自上而下。

总部先行制定资产分类统计的总体标准和方案。战略层将资产分类统计的标准和方案下发给经营层（各个业务板块）后，各个业务板块根据自身实际情况，制定具备板块特点的资产分类统计标准与方案，并下发给旗下各个企业。各企业再根据经营层的标准和方案制定适合本企业实际情况的资产分类统计标准与方案。自上而下的资产分类统计标准与方案的编制与传达流程如图5-10所示。

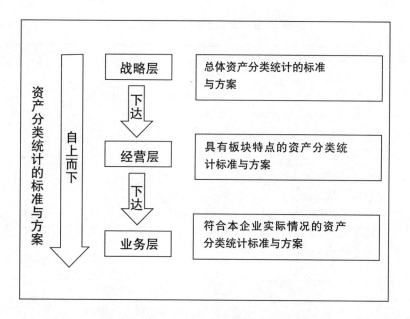

图 5-10　自上而下的资产分类统计标准与方案的编制与传达流程

从实践来看，战略层的总体资产分类统计标准与方案，应当在尽可能全面了解旗下所有产业业务特点的基础上编制，尽可能地细化和具体化。后续经营层和业务层只需根据自身特点在总体标准与方案中择其所需组合。此处，介绍中国石化战略层的总体资产分类统计标准与方案。

资产分类评价创效工作以资产负债表左侧所有资产项目为基础，结合生产经营管理实际，按照创效能力分类为高效、低效、无效和负效资产。

详细制定资产"高低无负"的划分标准。按照资产的流动性，对长期资产主要采取对资产未来可使用年限内采取不同折现率测算净现值、未来投资收益率测试以及闲置资产盘活预期等标准进行分类评价；对流动性资产，主要以年限为标准进行分类评价。将 18 类资产分类为高效资产、低效资产、无效资产和负效资产 4 个级次，从而形成分类标准体系。具体如表 5-9 所示。

表 5-9　资产分类标准一览表

资产项目	具体资产举例	分类标准	高效资产	低效资产	无效资产	负效资产
1.应收款项	应收票据、应收账款、预付账款、应收利息、应收股利、其他应收款	账龄政策	集团内应收款项或集团外应收款项：1年以内（含1年）	集团外应收款项：1～2年（含2年）	集团外应收款项：2～3年（含3年）	集团外应收款项：3年以上
2.存货	生产必需的原材料、暂时处于生产过程中的半成品以及用于销售的产成品	库龄	1年以内（含1年）	1～2年（含2年）	2～3年（含3年）	3年以上
3.合同资产	工程项目合同	账龄政策	集团内应收款项或集团外应收款项：1年以内（含1年）	集团外应收款项：1～2年（含2年）	集团外应收款项：2～3年（含3年）	集团外应收款项：3年以上
4.一年内到期的非流动资产	一年内到期的委托贷款、一年内到期的债权投资等	比照委托贷款、债权投资进行分类评价				
5.其他流动资产	增值税留抵税额	资金占用的时长	预计未来5年以内（含5年）可进行抵扣的增值税	预计未来5年以内不能进行抵扣的增值税	／	／
6.固定资产（含油气资产）	生产装置类、工程设备类、企业办社会业务、出租用固定资产和其他固定资产	／	／	／	／	／

续表

资产项目	具体资产举例	分类标准	高效资产	低效资产	无效资产	负效资产
7. 投资性房地产	具有投资价值的房地产	租金价格或收益率水平	租金价格高于市场指导价或无市场指导价的租金收益率高于同期贷款利率	租金价格低于市场指导价或无市场指导价的租金收益率低于同期贷款利率	租金收益率为零	租金收益率为负
8. 长期股权投资	非合并财务报表的长期股权投资	累计投资收益和未来投资分红	累计投资收益为正，年均投资分红率高于税前基准收益率	累计投资收益为正，年均投资分红率低于税前基准收益率但高于贷款利率	累计投资收益为正，年均投资分红率低于贷款利率	累计投资收益为负
9. 债权投资	/	到期收益率	到期收益率高于同期贷款利率	到期收益率低于同期贷款利率	到期收益率为零但预计可收回本金	预计无法收回本金
10. 其他权益投资	"三无"投资	比照长期股权投资进行分类评价				
11. 长期应收款	/	长期股权投资标准	利率高于税前基准收益率	利率低于税前基准收益率但高于贷款利率	利率低于贷款利率	无利息
12. 委托贷款	/	/	认定为高效资产	/	/	/
13. 在建工程（含开发支出）	正在建设类资产	/	/	/	/	/
14. 长期待摊费用	石油工程专用工具和租赁加油加气站的相关费用	（1）石油工程专用工具，比照工程设备类固定资产进行分类评价 （2）租赁加油加气站的相关费用，评价结果同生产装置类固定资产评价结果保持一致				

资产项目	具体资产举例	分类标准	高效资产	低效资产	无效资产	负效资产
15. 无形资产	土地使用权及取得加油加气站的经营权	土地按可否实现盘活收益；经营权参照加油加气站评价结果	已取得政府规划等相关证明材料，预计可以实现盘活收益	预计可以实现盘活收益，但暂无法确定盘活期限	预计无法实现盘活收益	/
16. 商誉	商誉	/	/	/	/	/
17. 其他非流动资产	属于应收款性质的资产	比照应收款项进行分类评价				
18. 战略资产	处于筹建期、长远规划、区域联动等的战略性资产	符合一定标准的低效、无效、负效加油站资产，作为战略资产，进行二次识别评价				

　　为保证资产分类的有效性，上述分类标准体系中的一些资产项目，需要按照不同标准进行细化分类，涉及固定资产、在建工程（含开发支出）、商誉 3 个资产项目，详细如表 5-10 至表 5-12 所示。

表 5-10　固定资产分类标准分项表

资产项目	具体资产举例	分类标准	高效资产	低效资产	无效资产	负效资产
1. 生产装置类	国内外油（气）田区块，炼油装置，化工装置，加油加气站，机械制造生产线，公用工程装置，地热资产，油田、炼化、销售等存续企业经营性固定资产	折现值（NPV）	当折现率采用税前基准收益率时，NPV 为正	当折现率采用税前基准收益率时，NPV 为负；但当折现率采用贷款利率时，NPV 为正	当折现率采用贷款利率时，NPV 为负	对 EBITDA 为负和废弃油（气）田区块、弃置井，长期停用且无改造利用计划的炼化装置，长期关停且无复营计划的加油加气站等已彻底关停、不再继续生产经营的生产装置，直接认定为负效资产

续表

资产项目	具体资产举例	分类标准	高效资产	低效资产	无效资产	负效资产
2.工程设备类	石油工程、炼化工程等的各类施工设备	设备运转时率	设备运转时率达到65%以上（含65%）	设备运转时率达到40%以上（含40%），但低于65%	设备运转时率达到15%以上（含15%），但低于40%	设备运转时率低于15%
3.企业办社会业务相关固定资产	符合国资委分离移交政策的固定资产	是否可以分离移交	/	/	可以分离移交	无法分离移交
4.系统内出租用固定资产	关联交易类固定资产	关联交易价格	按照政府定价和指导价执行或按市场价（含招标价）执行或以合理成本加销售环节税金加合理利润确定协议价	有租金收益，但未达到上述标准	无租金收益	/
	出租用固定资产	租金收益率	租金收益率高于同期贷款利率	租金收益率低于同期贷款利率	租金收益率为零	租金收益率为负
5-1.其他固定资产：车辆类资产	办公用车	使用率	使用率达到80%以上（含80%）	使用率达到50%以上（含50%），但低于80%	正常使用，但使用率低于50%	闲置且无法利用

续表

资产项目	具体资产举例	分类标准	高效资产	低效资产	无效资产	负效资产
5-2.其他固定资产:房屋类资产	生产、经营及民生用房	利用率	利用率达到80%以上(含80%)	利用率达到50%以上(含50%),但低于80%	正常使用,但利用率低于50%	闲置且无法利用
5-3.其他固定资产:其他类资产	辅助生产装置,原油、天然气、成品油长输管线,油库(储气库),码头	是否在用或闲置,能否盘活	正常使用	闲置但仍可使用且已制定明确的盘活方案	闲置且无法利用,不需要投入维护费用	闲置且无法利用,仍需要继续投入维护费用
5-4.其他固定资产:固定资产清理	需要清理的固定资产	/	/	/	认定为无效资产	/

表 5-11 在建工程(含开发支出)分类标准分项表

资产项目	具体资产举例	分类标准	高效资产	低效资产	无效资产	负效资产
1.在建工程(含开发支出)	正在建设类资产	是否正常建设	正常建设中	停建时间1年以内(含1年)	停建时间1年以上至3年以内(含3年)	停建时间3年以上
2.工程物资	建设项目需用资产	库龄	1年以内(含1年)	1年以上至2年以内(含2年)	2年以上至3年以内(含3年)	3年以上

表 5-12　商誉分类标准分项表

资产项目	具体资产举例	分类标准	高效资产	低效资产	无效资产	负效资产
1. 已计提商誉减值准备的商誉	/	计提减值准备情况	/	/	部分计提商誉减值准备	全额计提商誉减值准备
2. 未计提商誉减值准备的商誉	/	按照合同约定期限或无约定期限的按 10 年期限进行模拟摊销评价	/	模拟摊销后的余额高于账面价值	模拟摊销后的余额低于账面价值	模拟摊销后的余额为零

（2）第二阶段——自下而上。

资产分类统计的标准和方案自上而下传达与制定之后，由业务层将企业资产进行详细分类，并形成资产分类统计报告，汇总到经营层，再进而汇总至战略层，如图 5-11 所示。

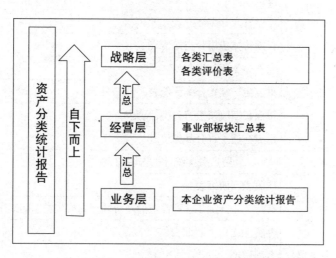

图 5-11　自下而上的资产分类统计报告的编制与汇总

企业实践中，具体形成了一些资产分类统计报告，如表 5-13 所示。

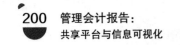

表 5-13 资产分类统计报告一览表

序号	所属层级	资产分类统计报告名称
		资产分类统计报告汇总表
1	战略层	价值汇总表
2		价值汇总表（境外资产）
3		数量汇总表
4		板块汇总表
5		资产盘活增效措施统计表
		资产分类统计报告评价表
1	战略层与 经营层	应收款项分类评价表
2		存货分类评价表
3		合同资产分类评价表
4		一年内到期的债权投资及增值税留抵税额分类评价表
5		对外股权投资分类评价表
6		固定资产分类评价表
7		投资性房地产、长期应收款、在建工程、债权投资分类评价表
8		无形资产分类评价表
9		长期待摊费用分类评价表
10		商誉分类评价表
11		重点生产装置分类评价表
12		重点长期股权投资分类评价表
13		重点在建工程分类评价表
		资产分类统计报告明细表
1	业务层	应收款项明细表
2		存货（生产加工、商品流通及合同履约成本类）明细表
3		存货（出租）明细表
4		合同资产
5		一年内到期的债权投资及增值税留抵税额明细表
6		对外股权投资明细表
7		固定资产（生产装置）明细表

续表

序号	所属层级	资产分类统计报告名称
8		生产装置（设备）评价底表（汇总）
9		生产装置 EBITDA 计算底表
10		油气田区块评价简表
11		区块废弃井明细表
12		固定资产（工程设备类）明细表
13	业务层	固定资产（企业办社会业务）明细表
14		固定资产（出租）明细表
15		固定资产（其他）明细表
16		投资性房地产、长期应收款、在建工程、债权投资明细表
17		无形资产明细表
18		长期待摊费用明细表
19		商誉明细表

业务层各个企业根据自身实际情况，填写各类资产的分类统计明细表。经营层统计报告主要体现在各个板块重点关注的相应板块内特殊资产的汇总表。总部不仅关注各个板块的汇总结果，还会将集团拥有的各类资产进行分类汇总统计和评价，最终形成价值汇总表、数量汇总表等高度汇总的统计报告。

3. 资产分类监控报告

总体来讲，资产分类监控报告是一个自上而下的过程，如图 5-12 所示。根据企业上报情况，总部对所有资产的有效性开展数据分析，充分暴露问题、揭示矛盾，通过年度间对比、不同资产使用主体间对比（即纵、横维度）和各板块间、板块内部企业间、企业内部各业务单元间 3 个层次全面做好对比分析，并针对存在的问题提出对应的管理建议，形成资产分类监控报告。

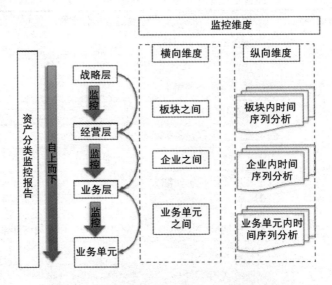

图 5-12　资产分类监控报告的监控维度与下达

（1）战略层资产分类监控报告。

总部资产分类管理以财务部门牵头，投资计划、生产经营、资本运作、设备物资管理等综合管理部门共同参与，如图 5-13 所示。

整个资产分类管理需建立在中国石化资产管理信息系统上。在资产管理信息系统中设置资产业务管理模块、价值管理模块、评价管理模块和经营创效模块。利用四大模块，实现四个节点的分类监控流程。

①管控业务流程。利用资产业务管理模块监控资产全生命周期运营情况，由业务层发起各项资产业务流程，经营层负责审批，战略层负责对重大资产业务进行终审。

②确定价值。利用价值管理模块做好投资成本预算、资产价值评估测算及入账管理，确保核算方法准确有效；要求业务层提供价值测算基础，经营层做好经营性评价，战略层确定价值管理方式。

③分类评价。要求业务层多次评价，经营层根据生产经营情况进行评价论证，战略层进行评价结果监控。

④动态监控。利用经营创效模块进行资产盘活创效，研判市场形势，

依据评价情况分类制订盘活创效计划，滚动实施；要求业务层筹措资产创效方案，经营层审核批准经营方案，战略层监控创效结果。

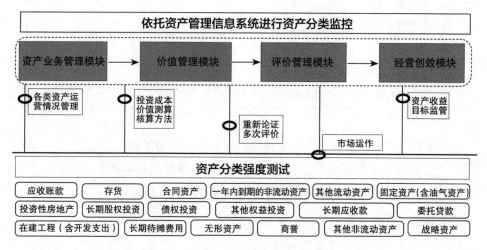

图 5-13　资产分类监控流程

可见，总部通过管控资产的业务运营、价值确定、分类评价、动态监控这一流程，将 18 类资产纳入资产管理信息系统监控流程中，实现了实时监控，动态监管。

（2）经营层资产分类监控报告。

不同业务板块的资产特征不同，因此，不同类型资产可能被分到不同的责任板块，具体如表 5-14 所示。

表 5-14　经营层项目责任部门一览表

序号	项目	责任部门
1	回报较差的油气区块及废弃井资产	
2	油田存续企业留存的经营性业务	
3	规模经济较差的装置	油气和新能源板块
4	海外油气资产	
5	石油工程装备	

续表

序号	项目	责任部门
6	关停并准备转让的炼油企业资产	炼油和销售板块
7	低效、无效、负效加油站资产	
8	个别企业低回报的装置及对外股权投资	化工和材料板块
9	低效、无效、负效对外股权投资和闲置固定资产	
10	投资回报率低的投融资资产	资本金融和支持板块
11	长期亏损、扭亏无望的非经营性业务	

不同责任板块在监控本板块内资产时会有不同侧重。

业务板块主要领导与责任部门、分管领导需要制定年度资产分类目标责任计划和目标责任清单，将计划与清单有效衔接，年初下达、中期跟踪、年终通报，最终实现有效的监控。

经营层监控报告中必须持续跟踪关注低效、无效、负效资产，单项资产规模以及对效益影响较大的资产项目，建立单项资产销号管理制度，加大重点油气田区块、生产装置、加油站、长期股权投资、在建工程等项目盘活增效力度。

（3）业务层资产分类监控报告。

业务层主要负责内部各业务单元和资产使用部门分类评价结果初审，保证资产分类标准执行到位、评价结果客观、创效措施落地。具体责任部门划分如表5-15所示。

表5-15　业务层项目责任部门一览表

序号	项目	主要责任部门
1	建立健全信用评价制度，加大应收款项清欠力度	销售部门
2	规范执行建造合同，依据施工进度，加强合同资产结转	销售部门
3	结合生产经营优化，提高生产装置（设备）盈利能力	生产管理部门
4	加强资产盘点清理，及时对固定资产、存货等进行报废报损处置	物资采购、设备管理等部门
5	加强对已出租资产管理，提高租金收益率	资产管理部门

续表

序号	项目	主要责任部门
6	对已中止的在建工程，尽快予以清理	发展规划部门
7	优化停建在建工程的可行性论证，重新开工建设	发展规划部门
8	通过内部调剂、对外转让、对外租赁等形式，盘活闲置资产	资产设备管理部门
9	通过公开转让、清算注销等形式，退出无效、负效对外投资	股权管理部门
10	结合国家或所在地土地管理部门政策，研究无效、负效土地退出方式	土地管理部门
11	对已完成"三供一业"分离移交的项目，及时做好资产移交	行政管理部门
12	海外项目优化提升	投资计划、生产经营、技术研发等部门

针对资产分类统计报告反映的低效、无效、负效资产情况，以及总部下达的监控报告中的盘活增效计划，财务部门牵头梳理分析低效、无效、负效资产的构成和原因，理清问题根源，分类制定针对性的措施，各业务单元及资产使用部门共同推进资产分类管理工作。

具体来说，针对不同类别资产需运用灵活的监控方式，如下所示。

①应收款项类资产监控。

结合年度财务决算，逐户逐笔规范开展应收款项函证，双方存在分歧的，通过进一步查阅底稿收集支撑依据，确保最终达成一致意见，避免后续还款争议。在此基础上认真做好账龄核对，做好资产分类监控。

②存货类资产监控。

对生产加工及商品流通类存货，结合出入库记录，从数量、金额、库龄3个维度进行全面盘点，确保账实相符。依靠监控不同维度，实现该类资产分类监控。

③固定资产类资产监控。

摸清固定（油气）资产名称、类别等基本状况和价值情况，确保账账、账表、账卡、账实相符。以盈利能力及运转效率为基础，进行资产分类监控。

④股权投资类资产监控。

结合产权登记年度检查工作，摸清各级长期股权投资底数，收集统一社会信用代码、持股比例、投资成本、核算方法、历史投资收益及分红、现有经营状态、产权登记办理情况等信息，建立动态管理台账。依托动态管理台账，进行实时监控。

⑤土地资产监控。

定期采集各类土地使用权的权证办理情况、土地性质、使用状态、核算科目、土地价值、地面房产情况、基准地价等信息，并及时在系统中予以修改完善。按照土地利用状况、经营意向，进行分类监控。

⑥在建工程类资产监控。

根据固定资产投资计划安排和工程项目实施进展，做好重点建设项目的跟踪。按照投资落实和转化周期，建立在建工程资产分类长效监控机制。

4. 资产分类创效报告

基于资产分类统计报告，集团内自上而下制定了资产分类的监控目标和任务，并具体落实到企业内部业务单元的责任部门。集团会定期（至少每季度）要求旗下企业自下而上将监控目标落实整改情况进行汇报，形成资产分类创效报告。自下而上的资产分类创效报告的汇总与分析如图5-14所示。

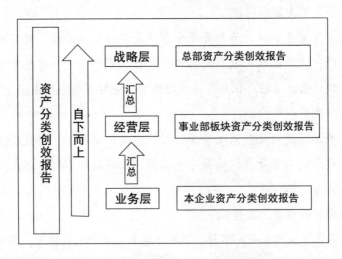

图 5-14　自下而上的资产分类创效报告的汇总与分析

（1）资产分类创效报告体系。

业务层负责基础数据的生成与维护，经营层负责资产数量和价值两个维度数据的比对和融合，战略层负责资产分类评价创效的分析和规划。

①业务层资产分类创效报告——基础数据生成与维护。

企业依据资产管理信息系统，适时对自有资产进行统计和评价，并依据总部下达的创效计划，完成资产盘活创效任务。图 5-15 和图 5-16 分别是企业在创效报告中需要提供的价值结果表和数量结果。

填报单位：　　　　　　　　　　　　　　　　　　　　　　　　　　　　金额单位：元

序号	资产	期末余额	资产分类				未分类评价资产余额
			高效资产	低效资产	无效资产	负效资产	
	栏次	1	2	3	4	5	6
	资产总计						
一	流动资产小计						
	*						
二	非流动资产小计						
	*						

注：* 代表含有 3 个子项。

图 5-15　资产分类评价创效价值结果

填报单位：

序号	资产	资产分类			
		高效资产	低效资产	无效资产	负效资产
	栏次	1	2	3	4
1	固定资产 – 生产装置				
2	工程施工设备（项）				
3	企业办社会业务相关固定资产（项）				
4	出租用固定资产（项）				
5	固定资产 – 其他固定资产（项）				
6	油气资产				
7	合同资产（项）				
8	长期股权投资（项）				
9	债权投资（项）				
10	其他权益工具投资（项）				
11	长期应收款（笔）				
12	在建工程（项）				
13	无形资产 – 土地使用权（宗）				

图 5-16　资产分类评价创效数量结果

②经营层资产分类创效报告——创效数据对比与融合。

经营层要从生产经营实际出发，按照年初制订的资产盘活创效计划，按季度进行对比分析。根据生产经营情况，调整资产分类评价强度，并适时调整资产盘活创效计划，在年终时生成本板块创效报告，利用资产管理信息系统统一上报总部管理部门。

③战略层资产分类创效报告——创效数据分析与规划。

战略层每年汇总各经营层所属的业务板块数据，进行对比分析，并规划下一年度的工作部署。战略层汇总后的资产分类创效汇总表如表5-16所示。

表5-16　资产分类创效汇总表

金额单位：亿元

序号	资产项目	分类评价资产合计	高效资产			低效、无效、负效资产					
			金额	占比（%）	占比同比变化（%）	金额小计	金额同经变化			占比（%）	占比同比变化（%）
							低效	无效	负效		
资产总计											
一	流动资产小计										
1	应收款项										
2	存货										
3	合同资产										
4	其他流动资产										
二	非流动资产小计										
1	对外股权投资										
2	固定（油气）资产净额										

序号	资产项目	分类评价资产合计	高效资产			低效、无效、负效资产						
			金额	占比（%）	占比同比变化（%）	金额小计	金额同经变化			占比（%）	占比同比变化（%）
							低效	无效	负效		
3	在建工程（含开发支出）										
4	无形资产										
5	长期待摊费用										
6	长期应收款项										
7	商誉										
8	其他非流动资产										

（2）资产分类创效报告结果。

截至 2018 年，高效资产占比由 2016 年的 73.3% 上升至 81.1%，提升 7.8 个百分点，低效、无效、负效资产占比由 26.7% 下降至 18.9%，下降 7.8 个百分点。具体数据可以参见表 5-17 和图 5-17。

表5-17 2016—2018 年资产分类评价创效情况

序号	板块名称	2018 年		2017 年		2016 年	
		高效资产	占比（%）	高效资产	占比（%）	高效资产	占比（%）
集团公司合计		15 717	81.1	14 958	79.4	13 372	73.3
一	股份公司	12 364	90.4	11 848	89.3	10 968	85.4
1	油田板块	2 341	90.9	2 487	85.8	2 523	77.3
2	炼油板块	3 259	99.7	2 930	99.4	1 553	98.2
3	化工板块	1 927	92.6	1 845	90.7	1 174	82.0
4	销售板块	2 944	85.4	2 830	86.5	1 869	79.8
二	直管企业	5 840	69.3	5 459	67.2	4 763	59.9

续表

序号	板块名称	2018 年		2017 年		2016 年	
		高效资产	占比（%）	高效资产	占比（%）	高效资产	占比（%）
1	石油工程	419	73.6	336	58.5	382	54.4
2	炼化工程	470	92.7	365	86.9	201	71.9
3	油田存续	162	70.7	183	62.5	207	66.5

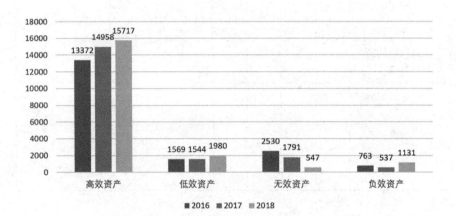

图 5-17　资产分类评价创效三年对比情况

实施资产分类评价创效三年以来，流动资产中高效资产占比由 84.6% 上升至 94.9%，提升 10.3 个百分点，整体质量处于优秀水平，其中，通过"两金"占用清理等专项工作，应收款项高效资产提升 13.8 个百分点、存货高效资产提升 32.4 个百分点。非流动资产高效资产占比由 54.3% 上升至 76.7%，提升 22.4 个百分点，资产质量明显改善，其中：通过优化生产经营提升生产装置（设备）盈利能力、多渠道盘活处置闲置资产等方式，固定（油气）资产高效资产占比提升 31.7 个百分点；通过加强对外股权投资管理，及时清退无效、负效对外投资，长期股权投资高效资产占比提升 12.6 个百分点。

经上述努力，中国石化高效资产占比由 2016 年的 73.3% 上升至 2018 年的 81.1%，提升 7.8 个百分点；总资产报酬率由 2016 年的 2.5% 上升至 2018 年的 5.4%，提升 2.9 个百分点；净资产收益率由 2016 年的 1.1% 上升至 2018 年的 6.3%，提升 5.2 个百分点。

绩效考核

1.重点考核的指标

在衡量资产分类创效结果时，净资产收益率和总资产报酬率两项指标能够充分反映资产分类管理效果和效率；此外，高效资产占比提升率及低效、无效、负效资产盘活增效计划完成率能够反映资产分类管理工作的实际效果。实践中将之纳入财务绩效考核指标体系。

（1）净资产收益率。净资产收益率是净利润除以净资产得到的比率，该指标反映企业的收益水平，衡量资产运营效率。

（2）总资产报酬率。总资产报酬率是企业利润总额与资产平均总额的比率，是用以评价企业资产运营的总体获利能力和运营效益的指标。指标越高，说明企业投入产出的水平越好，资产运营越有效。

（3）高效资产占比提升率。高效资产占比提升率是企业当年高效资产占比与上一年度相比的提升情况，反映资产分类管理过程中，资产管理工作的成效。

（4）低效、无效、负效资产盘活增效计划完成率。低效、无效、负效资产盘活增效计划完成率是企业低效、无效、负效资产盘活增效完成数与下达计划数的比率。指标越高，说明企业低效、无效、负效资产盘活力度越大。

2.资产分类纳入绩效考核体系

（1）战略层的自我完善。

总部层面作为战略层，负责将资产分类纳入绩效考核的整体方案制定，统筹规划全系统范围内的资产分类绩效考核工作。

（2）战略层对经营层创效结果的绩效考核。

总部层面建立资产运营管理情况通报督导机制，定期对资产盘活增效计划完成情况进行通报，并对计划完成情况较差的企业进行督导；对经营层净资产收益率、总资产报酬率和归属于母公司净利润进行排名通报并纳入财务综合指标管理体系。经营层面需要压实资产经营管理责任，真正成为资产创效的责任主体。

资产分类创效结果将得到战略层的全程跟踪督导，实行季度总结、年度通报制度，通过组织学习、培训、区域交流、经验借鉴等方式强化过程督导。

（3）经营层对业务层创效结果的绩效考核。

①建立资产创效考核激励机制。

将资产分类管理工作纳入本企业年度绩效考核体系，从薪酬激励、费用支持、人员编制支持三个方面，对所属企业资产分类管理，及低效、无效、负效资产盘活创效给予激励政策。设置专项奖励基金，对资产盘活创效取得重大进展的单位和个人进行专项奖励。

②实行流动红旗制度。

建立过程督导推动机制，企业财务部门对盘活进展建立月度通报制度，并通过重点工作通报会、专题分析推进会等形式，强化过程督导，按月插红旗。

③强化责任落实机制。

建立资产创效目标责任制，由企业主要领导与责任部门、分管领导分别签订目标责任清单，列入年度考核。将资产分类创效任务分配到部门，分解到个人。

④具体化考核维度。

在经营层对固定资产的相关责任部门从资产状态、运行效率、生产能效和经济效益等四个维度加强考核，如表5-18所示。

表5-18　固定资产绩效考核维度

指标维度	考核内容	考核方案
资产状态	账实相符率、设备完好率、设备成新率等静态指标	用于考核资产目前状态和资产管理水平
运行效率	运行时率、出勤率、工作量等运行指标	用于考核资产的运行效率，指导基层操作岗位通过运维保养、资产盘活，开展资产的运行提效工作

续表

指标维度	考核内容	考核方案
生产能效	勘探开发效率、炼油化工效率、机采效率、耗油耗水耗电等能耗指标	用于考核技术决策岗位通过调平衡、优化生产经营等方式开展的资产技术提效工作
经济效益	固定资产收益率、净现金流量、单次任务直接成本等效益指标	用于考核经营管理岗位通过减少无效投入、控制成本费用等方式开展的资产经营提效工作

< 经典案例 >

资产分类评价创效管理体系的具体运用

1.×× 公司基本情况介绍

×× 公司属于中国石化集团石油工程板块的主营公司，属于重资产行业。其大型特种装备既是技术创新和生产运行的载体，又是经营收入和成本消耗的发生主体。×× 公司的主营业务主要是为油田勘探开发提供辅助生产及部分产品劳务。

2017 年以来，×× 公司以推进资产全生命周期管理为目标，通过生产、技术、收入、成本数据的合理归集，完善资产分类评价指标体系，出具量化分析表单和报告，增强财务部门与实物资产管理部门的工作协同；指导相关部门细化落实低效、无效、负效资产的提质增效措施，畅通资产调剂盘活和弃置退出通道。

2.资产分类统计报告

（1）建立资产分类管理的责任体系。

编制《×× 公司 20×× 年资产分类评价工作方案》，明确各类资产的责任部门和岗位。公司业务层项目责任部门见表 5-19。

表 5-19　公司业务层项目责任部门一览表

序号	项目	职责部门
1	负责应收款项、合同资产、除设备类以外的固定资产、在建工程的分类评价，负责整体评价报告的编写	财务计划处
2	负责车辆类资产的分类评价	市场运行管理处
3	负责设备类固定资产、长期待摊费用资产中固控设备的分类评价及设备技术指标（如设备运转时效等）的准确性	物装中心
4	负责实物存货的分类评价	物装中心（物采）
5	负责明确责任范围内的资产的分类评价指标和分级阈值，制定落实优化措施，编制分专业评价报告	企业相关部门
6	负责整体报告的汇总编写，并提交总会计师审核后向上级单位报告	财务部

（2）完善资产分类管理的方法体系。

围绕"清查、评价、治理"三大关键任务，加强以账实相符为目标的资产清查。

①完善资产清查盘点的业财数据。在常规的资产清查盘点工作的基础上，进一步整合生产运行、设备更新改造、租入租出、资产调剂等信息，将资产账面管理和业务运行管理有机结合，开展基于业务数据的资产信息多维验证。

②细化资产分类的评价方法。制定本单位的资产分类评价标准。其中：对应收款项及合同资产，集团内需统一认定为高效，集团外需按照账龄进行评价；对设备类固定资产及长期待摊费用资产中的石油工程专用工具等，按照设备运转率指标进行评价；对存货、在建工程、其他固定资产等均按工程公司总部评价标准进行评价。

（3）夯实资产分类管理的工作基础。

开展前瞻性技术研究，探索建立以物联网为基础的资产状况数字化平台和资产分类管理信息披露体系，推进资产分类管理手段的数字化转型。

①开展资产状况数字化平台建设。根据公司生产设备流动性强、分布区域广的特点，启动以 NB-IoT 技术为基础的实物资产管理系统建设。通过在实物资产中嵌入芯片，并基于物联网通信技术等实现资产信息的实时传输和可视化展示。

②资产分类管理信息披露体系建设。建立《资产经济技术指标信息表》，通过整合设备完好情况、利用情况、运行情况以及单机效益核算数据，向各级部门推送资产基本信息。

依托上述《资产经济技术指标信息表》，研究建立《资产分类状况分布地图》，实现资产的位置信息、运行状况、调拨信息、分类评价信息的可视化展示，及时发现低效、无效、负效资产和价值洼地。

（4）将资产分类统计报告上报经营层和战略层。

运用定性指标和定量指标相结合的方法，建立资产分类评价指标体系；及时披露低效、无效、负效资产识别和治理的情况，找出下一步提高经营效益的方向和管理对策，及时上报经营层，经营层根据生产经营情况，按季度反馈给战略层。

3. 资产分类监控报告

（1）战略层和经营层对 ×× 公司资产分类的监控。

实施资产分类管理之前（以 2×15 年为基准），×× 公司实现营业总收入 1 238 378 万元，利润总额 −23 895 万元，公司资产总额 1 302 010 万元，净资产收益率 −6.3%，总资产报酬率 −0.8%。2×16 年开展资产分类管理工作，划分高效资产 1 055 140 万元，低效资产 69 834 万元，无效资产 99 772 万元，负效资产 33 149 万元。

战略层对 ×× 公司所属板块（经营层）资产分类的监控要求为高效资产占比同比提升 5%，净资产收益率达到 1%，总资产报酬率达到 2%。经营层对 ×× 公司按照平均指标下达任务。

（2）×× 公司对旗下业务单元资产分类监控的具体做法。

①牢固树立资产经营管理理念。将资产分类评价和创效任务细化落实

到财务、企管、法律、计划、设备、生产、技术等各相关部门，强化资产经营管理考核，工作措施落实到部门、工作责任落实到个人。

②先后起草下发了《××公司关于统筹优化土地房产资源的工作方案》《关于调整闲置土地房产优化经营方式的通知》《关于闲置土地房产优化经营方式调整的补充通知》等文件，深挖城镇土地使用税等相对固定成本的优化潜力。

③优化运行机制。公司调整运行机制，变原有审批处理流程的"首尾相接的直线性"状态，为各部门配合联动的"一站式"管理横式，由资产处置的牵头部门组织召集各部门、评估机构、调剂中心等共同到现场，将清理申请、技术鉴定、资产评估、现场勘察等业务融为一体。

4. 资产分类创效报告

（1）资产分类创效报告的编制结构和主要内容。

在统一的资产分类管理体系下，结合公司自身状况，对特殊资产进行二次评价，既保障评价的准确性，又保障资产经营创效目标的明确性。

（2）实施资产分类评价创效的效果。

2×18年处置的低效、无效、负效资产原值4.01亿元、净值6 819万元，取得变现收入1 661万元。2×18年，××公司实现营业总收入1 266 708万元，利润总额3 923万元，较2×15年大幅增长，利润增长27 818万元。2×18年，××公司高效资产占比同比提升6.65个百分点。净资产收益率0.6%、总资产报酬率2.8%，比2×15年分别提升6.9个百分点和3.6个百分点，总资产周转率比2×15年提升0.3次，其中应收账款、存货周转率比2×15年分别提升1.4次和33.8次。

5. 资产分类纳入绩效考核

（1）对业务层管理者的考核。

按照资产管理内控制度的要求，从资产的保全、保值、增值、清查、固定资产调拨手续等，全方位完善企业资产管理工作考核细则，落实资产占用责任制，加强对资产占用的考核。经营层对××公司按照平均指标下达任务。业绩考核时主要参考对该监控指标的完成情况来评价。

（2）××公司对重点职能部门的考核。

××公司根据总部要求并结合自身情况，对固定资产还进行了如下的监控考核，如图 5-18 和表 5-20 所示。

考核项目	分值	考核内容	计分办法
固定资产保值情况	10分	考核固定资产使用单位是否按照固定资产管理制度和业务流程开展工作，是否完成本单位资产保值任务	固定资产正常报废处置不在考核范围之内，非正常原因造成固定资产减少的，扣除单位管理工作总分；固定资产被盗导致原值减少，每发现一项，扣减5分；发生交通事故导致固定资产毁损报废的，每发现一项，扣减3分；其他非正常原因导致固定资产减少的，根据固定资产相关情况酌情扣分
固定资产清查工作完成情况	15分	考核固定资产使用单位是否按照清查文件精神开展固定资产清查工作，是否按时上报清查报表，上报报表是否数据准确、逻辑正确	未在规定时间内上报清查报表的扣减2分；上报报表数据有误，逻辑关系错误，每发现一处，扣减2分，直至15分扣完
固定资产卡片使用登记情况	10分	考核固定资产使用单位在固定资产发生部门调拨、内外部市场调整、管理责任人变更等时，是否及时登记固定资产卡片，是否完整保存卡片	发生考核内容中所列项目，每发现一处，扣减1分，直至扣完10分
固定资产调拨情况（包括内外部市场调拨和部门内部调拨）	15分	考核固定资产使用单位是否按照固定资产实际分布情况上报固定资产调拨明细，是否发生不办理调拨或者借用手续两者相互占用的情况	发生固定资产内部调拨（四级单位）但没有上报的，每发现一项，扣减2分；发生三级单位之间固定资产调拨未办理调拨手续的，每发现一项，扣减3分，直至扣完15分
固定资产管理责任人落实情况	10分	考核固定资产使用单位是否按照保管人、使用人落实资产管理责任，是否按照部门调拨、人事变动等及时更变负责人	每发现一项管理责任人不符的情况，扣减1分，直至扣完10分
固定资产钉牌登记情况	5分	考核固定资产使用单位是否100%进行钉牌编号，是否及时补贴资产编号	每发现一项未粘贴资产编号的情形（房屋、建筑物除外），扣减1分，直至扣完5分
新增固定资产权证办理情况	5分	考核新增固定资产，使用单位是否在规定时间内完成相关权证办理，未办理的是否上报书面说明	未在规定时间内完成新增固定资产权证办理，同时也没有上报说明情况的，每发现一项，扣减1分，直至扣完5分
报废固定资产上报情况	10分	考核固定资产使用单位是否及时上报废废资产，报废资产是否经过技术（业务）部门鉴定	固定资产报废后三个月内不上报的，每发现一项，扣减1分，直至扣完10分；未经批准擅自处置固定资产的，能收回固定资产的收回，不能收回的追回处置款，同时公司内部通报批评，扣减该项全部10分
固定资产租赁情况（包括出租和租入）	10分	考核固定资产使用单位是否按照管理制度和相关流程办理资产出租和租入业务	未经审批和审核批准，擅自对外出租和租入固定资产的，取消业务，收缴出租款，公司内部通报批评，同时扣减管理总分，每发现一项，扣减3分，直至扣完10分
实物资产管理情况	10分	考核固定资产使用单位是否按照正常管理程序管理实物资产，实物资产是否登记在册、建立台账	对于实物资产隐瞒不报，每发现一项，扣减1分；未建立实物资产台账，扣减2分；擅自处置实物资产的，每发现一项，扣减5分，同时追回实物或处置款，公司内部通报批评

图 5-18　　××公司固定资产分类监控考核

表 5-20　　××公司固定资产分类监控打分

指标分类	指标名称	加权积分比例（%）	成本中心计分值
定量指标	固定资产产值率	20	最终考核得分 = 定性 ×50%+ 定量 ×50%
	固定资产使用成本和收入对比值	20	
	固定资产运转时率	20	50
	固定资产利用率	20	
	固定资产综合完好率	20	

续表

指标分类	指标名称	加权积分比例（%）		成本中心计分值
定性指标	视企业具体情况写明指标名称	50	50	最终考核得分＝定性×50%+定量×50%

按照固定资产管理考核办法的规定，考核部门定期对固定资产管理单位的管理情况以及相关责任部门的资产运营情况进行考核。根据固定资产效益评价计分细则算出各个单位的最终得分，将成绩与年度绩效工资挂钩，实现奖优罚劣，充分调动资产管理人员的积极性。

研究结论与未来展望

1. 研究结论

随着资产分类管理工作的深入推进，中国石化已经形成较为完善的资产分类评价创效管理体系，建立了极具实操性的资产分类评价标准，并构建了较为全面的资产分类管理报告流程。实践也表明，这一套资产分类评价创效管理体系能够成功推动企业资产质量的提升与改善。

（1）资产分类评价创效管理体系框架能够有效加强企业资产管理工作。

中国石化的实践表明，包括四个基本要素的资产分类评价创效管理体系，可以有效加强企业资产管理工作，提升高效资产占比，为企业创造价值。在基本制度原则基础上，依托企业的组织职能体系和信息系统，构建一整套资产分类管理报告的流程，通过将资产进行"高低无负"的分类管理，提升高效资产占比，改善低效资产，减少无效资产和负效资产。资产分类评价创效管理体系为企业资产管理工作提供了抓手，使得资产管理工作有据可依、有路可寻。

（2）资产分类评价标准为资产分类工作提供切实可行的确认、计量准绳。

中国石化在实践中创新性地对资产进行了"高低无负"的四分类，并且针对每一特定种类的资产给出了具体判断"高低无负"的标准。这一套资产分类标准的设计来源于企业管理资产的实践需求，也是重要的理论创新。在实践中，针对集团占比较大的固定资产、在建工程等特殊资产，还从不同维度进一步进行分类统计和监控评价，对其他重资产型的企业来说，中国石化的资产分类评价标准具有非常重要的参考价值。

（3）资产分类管理报告的流程设计保障了资产分类评价创效工作的顺利开展。

①资产分类统计报告为资产创效奠定数据基础。

首先，"自上而下"的分类标准和方案的制定为企业开展资产全生命周期管理提供了可能。在实践中，需要总部尽可能根据旗下各个分 / 子公司业务情况制定具体明晰的统计标准和表格，为未来自下而上的统计工作奠定基础。

其次，"自下而上"的资产分类统计报告的编制和汇总，为资产分类管理奠定数据基础。对资产进行分类管理，体现了总部要将全生命周期管理作为资产管理指导思想的决心。

②资产分类监控报告是实现资产创效的约束机制。

"自上而下"的监督责任与具体指标任务的下达，为实现资产创效提供了必要的约束机制。资产分类管理工作紧紧围绕公司总体战略部署，坚持价值引领，努力实现"无效资产变有效、低效资产要提效、优良资产多创效"的目标，持续提高资产创效能力和资产质量。在常态化开展各类资产清查和资产分类评价的基础上，做好两金压降（一般指增加收款比例和减少库存积压）、重大资产土地内部调剂和对外转让处置、围绕产权登记的长期股权投资回报管理等专项工作。依托集团内信息平台，实现对下级单位的实时监控与评价。

③资产分类创效报告是资产创效结果的汇总体现。

"自下而上"汇总而来的资产分类创效报告，既可以揭示过去资产分类管理工作的结果，也可以为未来资产分类管理指出前进的方向。总体来看，中国石化自开展资产分类管理工作以来，资产创效能力稳步提升，高效资产占比由 2016 年的 73.3% 上升至 2018 年的 81.1%，总资产报酬率由 2016 年的 2.5% 上升至 2018 年的 5.4%，净资产收益率由 2016 年的 1.1% 上升至 2018 年的 6.3%。这些明显提升的数据反映出资产分类管理工作的管理优势，为业务与财务融合发展提供了资产管理方案。

2. 未来展望

（1）在大数据背景下，配合集团信息化建设的发展，进一步完善资产分类管理工作。

未来在立足现有的资产管理信息系统的基础上，要进一步通过统一规范资产业务管理、强化过程管控、提升资产管理信息化水平，实现资产的实物管理和价值管理紧密衔接，推动资产分类评价及创效，构建资产全生命周期管理体系，推动集团资产管理工作再上新台阶。

（2）资产分类管理工作形成的"数据"也是一种"数据资产"，未来要在深挖数据资产的价值方面做更多前沿探索。

未来需要更多去探索数据资产管理的方法，解决"数据资产日益增长与应用不足、零散管理"的矛盾，在确保数据充分可用基础上，将数据有序融合、敏捷供应，最终产生业务洞察和变现价值。现阶段，中国石化正在探索研究资产管理过程和数据全生命周期的有机融合，逐步推进数据资产识别、治理及应用创效工作，引导数据可用、在用，以数据链贯通为载体，推动各板块、各企业、各领域统筹协调；远期则计划聚焦如何进一步深挖数据价值，建立数据市场，完善数据资产的规范化管理，不断提升数据资产质量和创效能力，并带动企业管理实现标准化、信息化、数字化，为企业实现效益最大化目标保驾护航。

＜问题讨论＞

（1）在传统意义的资产之外，如何考量"新资产"的价值意义？

（2）如何将数据资产等"新型资产"纳入管理会计报告？

第 6 章 ≫

管理会计数据呈现与

应用

▶ 从一个案例讲起 [①]

东阿阿胶股份有限公司（以下简称"东阿阿胶"）1952 年建厂，1993 年由国有企业改组为股份制企业，1996 年在深交所挂牌上市。东阿阿胶拥有中成药、保健品、生物药三大产业门类，为全国最大的阿胶及系列产品生产企业，同时是国家高新技术企业、国家级创新型企业、国家非物质文化遗产传承保护企业、国家胶类中药工程技术研究中心、国家胶类中药标准制定者、国家综合性新药研发技术大平台产业化示范企业，拥有院士工作站、博士后科研工作站、泰山学者岗位。

东阿阿胶具有厚重的文化积淀，在质量、品牌、产品、市场等方面引领着阿胶行业发展。但是在快速发展的同时，市场、管理的决策也需要更加快速、科学，市场对科学决策支持的需求也越来越强烈。

东阿阿胶以"阿胶 +"战略为引领，以提升基层经营单元价值创造为中心，创新"理念 + 算盘"理念、"一图一卡两表一会"管理模式，独创具有东阿阿胶特色的经营管理工具——经营会计报表。第一，将专业性较强的财务报表转化为简洁、易懂的经营会计报表，按照业务逻辑构建管理口径的数据信息系统，支撑决策，优化资源配置；第二，将公司战略目标全面分解覆盖到每个经营管理单元与个人，清晰展现各经营主体内容，细分业务经营绩效，并通过配套过程管理与反馈评价机制，推进公司经营目标达成；第三，将全产业链的发展作为一个整体，开展系统分析，寻求协同价值最大化，通过工具及方法的推广，提升基层员工的经营意识与价值创造能力。

---

① 资料来源：工信部工业文化发展中心《案例集》。

经营会计报表是支撑东阿阿胶科学决策的重要基础，是培养经营人才的重要工具。东阿阿胶致力于围绕价值创造，创建涵盖营销、生产、采购、子公司的经营会计报表体系，全面提升基层经营单元的业务运营水平、效率和能力，推进经营目标达成；培养"懂运营，会管理"的职业经理人团队，从经营的角度系统布局及筹划。

东阿阿胶用经营会计报表支撑经营决策，通过数据分析做出更好的、利润更高的决策，选择盈利高、增长快的客户、渠道和产品，开展高回报、高效率的业务活动与模式。用经营会计报表引导资源配置，根据经营决策，确定内部资金、人员、资产的配置，实现经营单元价值最大化。用经营会计报表提升经营效率，根据指标评价与反馈，引导各经营单元主动改进业务活动，提升价值创造能力和经营效率。

东阿阿胶构建从分管副总到终端经理、生产班组等基层员工的经营会计报表体系，既提出经营目标，提供实施路径，也配套过程管理与反馈评价机制，形成一套完整、可操作的管理工具。

经营会计报表让东阿阿胶的基层经营管理能力显著提升，"理念 + 算盘"的理念，锻炼培养了经营管理人才。实施经营会计报表，不仅给东阿阿胶带来了经济效益，同时使管理体系得到了提升，促进了东阿阿胶的健康、可持续发展。该实践仍需要不断地完善和优化，以实现支持业务发展与科学决策。

管理会计报告制度化

管理会计报告的编制

不同企业的管理会计报告形式各不相同，而且不同职能部门所需要的信息也各不相同，但管理会计报告的编制目的都是为各层管理部门提供所需的信息。从职能方面分析，管理会计并不仅仅是为财务会计提供信息数据，而是更加注重对有价信息的综合分析，并及时、准确地支持决策。企业应当对自身生产经营方式、人力资源等方面进行综合分析后，结合不同职能部门的工作重心制定不同的考核指标，并且按照不同层级负责人的决策要求，汇总编制管理会计报告。横向管理会计报告按照各部门的职能来制定，纵向管理会计报告按照不同层级负责人的需求来制定，基于此，再根据目标的不同，制定不同的报告方式和报告内容。如此，不仅可以避免各部门之间的信息重复，还可以减轻各部门的信息处理工作量，提高管理会计工作的效率和质量。

通过制度固化管理会计报告的格式

企业在探索一定时期的管理会计报告后，有必要进行制度固化，利用相关管理制度将已经取得一定成效的实践进行固化。企业应建立管理会计报告相应的管理制度。**一是**规范报告的编制、报送、使用及反馈流程，为基础数据、业务变化、财务指标等不同类别的信息需求明确信息源、信息采集单位和报送对象，实现信息"收集—编制—使用—反馈"流程相对固化。**二是**根据企业自身的发展战略、业务模式、组织架构等特点，规范不同级次管理会计报告的指标体系，合理设置关键指标和辅助指标。**三是**确定管理会计报告模板，包括报告格式、报告名称、主体内容、所属类别、报送频率、报送对象以及备注说明等。**四是**规范指标和信息使用，通过规范管理会计报告相关概念的内涵和外延，明确指标内涵和使用范围，避免信息、概念混淆，误导决策。管理会计报告是财务和非财务信息的综合载体，其对信息的收集、分析和加工，横向范围越来越广，纵向深度越来越深，收集和加工的信息量也越来越大。随着信息技术的发展，提高常规任务的自动化程度，将会计人员从简单核算的重复劳动中解脱出来，进行复杂的、多维度的财务与非财务分析成为可能。管理会计报告的流程固化和标准化也需要信息技术支撑，信息技术将消除信息传递的错误、信息扭曲和理解误差，提高信息的易传输性和易理解性。

管理会计数据分析

资源占有与效率

1. 资源开发

资源开发在企业中主要用来反映企业战略性资源的投入情况，具体包括战略性资源的特征、价值和相关细节信息。例如，财务维度的研发投入，客户维度的企业与客户、供应商之间的关系，对产品需求的预测情况，以及学习与成长维度的员工技能与教育水平等。

2. 资源形成

资源形成是指企业在获取战略性资源时所用的方式和途径，用来反映企业构建战略性资源所投入的具体信息，以及预测战略性资源到期等情况，可以帮助投资者综合分析战略性资源，做出及时、高效的投资决策。例如，财务维度的研发支出、经营收益和并购成本，客户维度的品牌价值提升，业务流程维度的流程再造，学习与成长维度的员工培训、专有技术的提升、企业文化的培养等。

3. 资源维护

资源维护是指管理会计报告要清晰地列示企业战略性资源被竞争对手模仿的风险，以及被新技术替代的风险，如有这些情况需清晰地反映出管理层采取的解决措施。例如，财务维度的产品市场份额变化情况，客户维度的客户满意度情况，业务流程维度的产品专利到期情况，学习与成长维度的员工离职率、知识管理系统情况等。

4. 资源配置

企业的经营绩效由战略性资源决定。因此，管理会计报告需要反映企业战略性资源的配置途径和方式，以使企业的利益相关者可以对企业战略做出准确的调整。例如，财务维度的收入、成本、毛利率等，客户维度的客户群调整等，业务流程维度的业务流程整合，学习与成长维度的组织弹性、协作系统、行动计划和专业员工占比等。

5. 价值创造

价值创造即量化企业所创造、保护和配置的战略性资源最终实现的价值。管理会计报告采用重点关注现金流的方式来避免相关风险，提高信息的相关性。管理会计报告以经营活动所产生的现金流为起点，把与战略性资源相关的所有未经资本化确认的投资金额考虑在内，同时用相关的权益资本成本，对当期的价值创造进行衡量。

全要素投入产出

企业战略性资源的开发、形成、维护、配置和最终价值创造上，都可用管理会计报告进行展示，更加具体地展示出企业在战略性资源上的投入、形成和存量。在管理会计报告中，横栏用平衡计分卡的四个维度进行分类列示，纵栏是战略性资源的开发、形成、维护、配置和最终价值创造五个维度，纵横结合的二维报告框架，可以形成一个有机整合的管理活动及其最终效果的信息系统，可以全面反映企业战略、活动和最终效果，也可以展示企业价值创造的全过程和竞争优势。在报告中，大部分的信息都是用货币计量的方式进行描述的，部分指标是定量信息（如客户新增数、员工离职率等），部分指标是定性信息或描述性信息（如公司文化、组织弹性等），其将展示出企业持续竞争优势的形成路径。

战略性资源的概念源自资源基础理论。资源基础理论聚焦于企业内部资源与能力要素，以资源作为企业创造价值和获取竞争优势的基础，认为企业的资源包括：产生持续竞争优势的资产（狭义资源）、知识、核心能力、动态能力等。随着研究的不断深入，在挖掘隐藏在企业资源背后更深层次动因的基础上，形成了企业能力理论，该理论认为：企业成功的关键在于对资源的使用方式，而不在于资源本身；同时企业获取竞争优势的关键在于将内部关键流程转变成为顾客提供卓越价值的能力，即核心能力。随着对企业竞争优势的根源以及核心能力本质的深入研究，又形成了企业知识理论，该理论认为：企业掌握的知识是隐藏在核心能力背后的，并决定企业的持续竞争优势。这种知识的异质性决定着企业的异质性，是企业获取和形成竞争优势的决定因素。随后形成的动态能力理论认为：动态能力是企业整合、建立和重新配置内外部能力的一种方式，可以用来适应快速变化的环境。

由此，就形成了目前的动态研究基础观，构成了战略性资源的整体概念框架。在资源理论中，随着资源基础观向动态资源基础观的演变，战略性资源的概念逐渐丰富。战略性资源有四大特征，包括价值性、稀缺性、不可完全模仿性和不可替代性，这些特征在形成企业竞争优势的过程中层层递进，使企业的地位得到了保障。

价值性是指企业的资源只有具有价值，即能用来发掘机会或是消除威胁时，才可能成为严格意义上的资源，这是形成企业竞争优势的基础。**稀缺性**是指企业拥有的有价值资源的数量少于完全竞争状态下所需资源的数量。稀缺性是形成竞争优势的保障，有价值但不稀缺的资源只能形成竞争均势，只有有价值且稀缺的资源才能形成竞争优势。**不可完全模仿性**是指资源的不可复制，或者因为竞争对手获取资源的难度太大使得企业难以被超越，从而保障企业在一定时期内拥有独特的竞争地位。**不可替代性**是指其他企业无法模仿出相同或相近的能力或资源，也无法找到可替代的资源，从而无法实施相同的战略。

因此，企业可以保持持续竞争优势的来源是拥有战略性资源。将战略性资源的上述特征整合在一起的概念框架，完整地概括了企业获取、形成并持续保持企业竞争优势的全过程。企业以此为基础列示的相关信息可以帮助企业的管理者和内外部利益相关者更加全面地了解企业价值创造的关键驱动因素和保持持续竞争优势的内在动力，从而使决策更加准确、全面、富有前瞻性。

节能降耗与碳减排

碳会计信息所涉及的内容非常广泛，包括对碳排放权的确认与计量、企业节能减排指标的完成情况、企业进行的碳减排活动情况等财务信息以及非财务信息。碳会计信息与企业社会责任会计信息、环境会计信息中的内容都有很大的交集。碳会计更多是专门针对企业日常与碳排放相关的活动所进行的确认、计量、记录、报告等。按照计量方式来划分，碳会计信息可分为货币计量的碳会计信息以及非货币计量的碳会计信息两种。货币计量的碳会计信息包括碳资产、碳负债、碳所有者权益以及碳收入、碳费用、碳利润这六大会计要素。非货币计量的碳会计信息则涉及范围广，包括企业进行低碳治理的情况、进行碳减排取得的成效、对低碳法律法规的执行情况等与低碳相关的多种信息。

管理会计报告中有关节能减排和碳排放相关信息的确认、计量和报告有以下优点。**一是**增强企业的节能降耗意识。规模大、发展能力强、市场认可度高的企业，其碳会计信息披露水平也较高。企业树立正确的企业发展观极为重要，在新时代的背景下，只有具备绿色环保的可持续发展观念，企业才能取得长足的发展和拥有不竭的发展动力。一方面，政府应当加大针对高耗能行业的可持续发展的宣传力度，宣传节能减排的重要性，以及政府对可持续发展的转型方向、技术改革以及资金的支持等信息。另一方面，只有企业自身转变观念，积极地进行技术改革节能降耗，向可持续发展的方向进行转型，才能使得企业得到长足的发展。

二是增强社会公众的环境保护意识。一方面，政府应当加大对社会公众环保意识的宣传力度。另一方面，应当提倡证券交易平台以及股票投资软件等加强社会公众甄选投资企业的能力，在关注企业盈利能力的同时，也应当注重对该企业可持续发展能力及节能降耗意识的考量，倒逼企业关

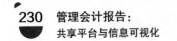

注碳会计信息的披露以及可持续发展能力的提高。

对标分析

　　对标管理是指企业将自身经营指标和管理实践，与系统内部或外部单位持续开展对比分析，寻求标杆，分析与标杆的差距及原因，采取针对性措施消化、吸收最佳实践，从而实施管理提升和创新超越的持续改进过程。对标管理是一种管理方法而不是分析内容。对标管理一般指企业以行业内或行业外的一流企业作为标杆，从各个方面与标杆企业进行比较、分析、判断，通过学习他人的先进经验来改善自身的不足，从而赶超标杆企业，不断追求优秀业绩的良性循环过程。实际中，对标管理的"对标"含义比较丰富，可能是行业标杆值，也可能是设定的预算目标，还有可能是行业平均值。

　　对标分析便于直观找出差距，明确方向，从而缩小与目标的差距。对业务管理层而言，更重要的是业务指标对标。对重点指标，对标管理应补充明细表，细化因素对比。管理会计报告中的对标分析一般分为以下两类。

1. 外部竞争对手对标

　　外部竞争对手对标的对标目标为国际、国内同行业的业内领先者。本企业与对标企业有着相似的产品和客户市场。与竞争对手对标可以快速找到自身与优秀企业间的差距，大幅提升管理和绩效水平。

　　受限于两者的行业竞争关系，对标企业的数据信息涉及商业机密和利益，所以不容易获得。

2. 企业内部对标

　　企业内部对标的对标目标为企业内各分支机构或事业部，以行业性质为依据，确定各行业指标优秀值。

　　企业内部对标管理，包括定期开展对标管理工作交流会，通过资源共享的方式，学习成员单位先进管理理念，持续改进，不断超越，提高企业整体财务管理水平，实现高质量发展。

企业对标管理分析表如表 6-1 所示。

表 6-1　企业对标管理分析表

指标选取				对比分析		
工作分类	选取原则	维度	指标	对标值	企业值	差异
行业对标	对标与提升相结合	盈利能力	净资产收益率			
			总资产报酬率			
			销售（营业）利润率			
			成本费用利润率			
			盈余现金保障倍数			
			资本收益率			
	内部对标与外部对标相结合	资产质量	总资产周转率			
			流动资产周转率			
			应收账款周转率			
			不良资产比率			
			资产现金回收率			
	绩效对标与管理提升相结合	债务风险	资产负债率			
			已获利息倍数			
			速动比率			
			现金流动负债比率			
		经营增长	资本保值增值率			
			技术投入比率			
			销售（营业）增长率			
竞争对手对标	对标与提升相结合、内部对标与外部对标相结合、绩效对标与管理提升相结合	盈利能力	……			

环境管理会计报告、社会责任报告、可持续发展报告、ESG 报告

环境管理会计报告

1. 环境报告的披露政策

党的十九大报告明确提出要建立环境信息披露制度。《环境信息依法披露制度改革方案》（以下简称《改革方案》）的出台实施，确定了环境信息依法披露制度改革的总体思路和重点任务，有助于强化企业生态环境责任，提升企业现代环境治理水平，充分发挥社会监督作用，是我国生态文明制度体系建设的重大进展。依法开展环境信息披露是国际上落实企业环境责任的通行做法，欧盟、美国等目前已建立了企业环境信息披露制度，从实施效果来看，强化了企业环保意识，推进了企业绿色转型发展，增强了温室气体和污染物减排的自主性和积极性。在立法层面，美国发布的《应急计划与社区知情权法》，确定了有毒物质释放清单制度，要求相关企业披露化学物质特别是有毒物质生产、运输、使用和处置等各环节的环境信息。欧盟与相关国家签订相关协议，推动环境保护。我国生态环境部于2021 年 5 月 24 日发布《环境信息依法披露制度改革方案》，对企业环境信息披露提出明确要求；2021 年 12 月 11 日发布《企业环境信息依法披露管理办法》，办法的要素及相关内容如表 6-2 所示。

表6-2　《企业环境信息依法披露管理办法》要素及相关内容

序号	办法要素	相关内容
1	披露环境信息的责任主体	企业是环境信息依法披露的责任主体。企业应当建立健全环境信息依法披露管理制度，规范工作规程，明确工作职责，建立准确的环境信息管理台账，妥善保存相关原始记录，科学统计归集相关环境信息。企业披露环境信息所使用的相关数据及表述应当符合环境监测、环境统计等方面的标准和技术规范要求，优先使用符合国家监测规范的污染物监测数据、排污许可证执行报告数据等。企业应当依法、及时、真实、准确、完整地披露环境信息，披露的环境信息应当简明清晰、通俗易懂，不得有虚假记载、误导性陈述或者重大遗漏
2	披露环境信息的企业	重点排污单位；实施强制性清洁生产审核的企业；一定范围内的上市公司及合并报表范围内的各级子公司（以下简称"上市公司"）；一定范围内发行企业债券、公司债券、非金融企业债务融资工具的企业（以下简称"发债企业"）；法律法规规定的其他应当披露环境信息的企业
3	企业年度环境报告应披露的信息	企业基本信息，包括企业生产和生态环境保护等方面的基础信息；企业环境管理信息，包括生态环境行政许可、环境保护税、环境污染责任保险、环保信用评价等方面的信息；污染物产生、治理与排放信息，包括污染防治设施，污染物排放，有毒有害物质排放，工业固体废物和危险废物产生、贮存、流向、利用、处置，自行监测等方面的信息；碳排放信息，包括排放量、排放设施等方面的信息；生态环境应急信息，包括突发环境事件应急预案、重污染天气应急响应等方面的信息；生态环境违法信息；本年度临时环境信息依法披露情况；法律法规规定的其他环境信息

2. 环境管理会计报告的编制原则

环境管理会计报告体系的本质是实现可持续发展战略目标，为企业提供决策信息的报告系统，为各个环节的管理控制程序提供有效的环境会计信息。环境管理会计报告的编制应该包括以下原则。

（1）价值相关原则，即该报告体系所提供的信息与企业环境要素相融合，并与经营和管理控制活动进行有机结合。

（2）内容结构化原则，即该报告体系应该克服企业的复杂性和不确定性所带来的对环境会计信息的影响，能为信息使用者及时、准确地提供环境会计信息。

（3）动态原则，即该报告体系不仅需要反映企业经营的不确定性，而且需要让调整结果进一步推进环境管理会计系统与环境管理控制系统之间的融合。

（4）信息系统兼容原则，即该报告体系应该能够与企业其他的信息系统相互兼容。

3. 环境管理会计报告的内容

环境管理会计报告应包括：可持续发展战略目标分解报告、环境控制标准制定报告、环境管理控制执行报告、环境管理控制评价报告与环境管理控制激励报告。

（1）可持续发展战略目标分解报告。

可持续发展战略目标分解报告是有效落实可持续发展战略的关键，企业应当以不同的经营中心为主体，并结合行业特点、经营环境、经济政策与组织特点等，提供动态和多维度的决策信息。具体包括以下方面。**一是**可持续发展战略，即反映企业经营管理与环境要素投入，并将可持续发展战略落实到企业整体战略中，为企业管理者提供决策所需的信息。**二是**竞争战略，即将环境要素融入差异化、成本领先或者集中化战略等竞争战略中，为支持竞争战略的执行提供所需的决策信息。**三是**执行战略，即在环境要素的约束下，为企业提升经营活动的效果和效率以及降低风险提供有效的决策信息。

（2）环境控制标准制定报告。

环境控制标准制定报告通过货币计量与非货币计量指标为环境控制标准的制定提供相关决策信息，是不同层级具体战略目标与经营活动目标的结合点。该报告应从价值创造、风险管理控制与可持续发展维度进行分析。具体包括以下方面。**一是**落实可持续发展战略的指标体系，即企业应当形成将可持续发展目标以及环境要素与具体经营管理活动相融合的相关指标体系，这将为环境管理控制程序提供具体的管理控制方向。**二是**落实核心指标体系，即企业应当选择重要的指标作为企业的核心指标，保证可持续发展战略体系执行的有效性。**三是**确定评价标准，即企业应当根据自身的环境问题与经营管理特点，结合环境会计与环境管理控制系统，形成定量标准、定性标准以及涵盖财务标准和非财务标准的评价标准。例如，环境要素的法律法规与经验标准、历史水平和预算标准等。

（3）环境管理控制执行报告。

环境管理控制执行报告是环境管理会计报告与环境管理控制程序报告之间的核心纽带，反映环境控制指标的实际执行情况，可以为具体战略目标的执行提供及时、准确的决策信息。该报告需要在环境管理会计报告的基础上，衡量与报告可持续发展战略目标与环境管理控制的相关信息。因此，环境管理控制执行报告应当分析企业各个经营中心的经营活动过程和相关成果，以及获得各个经营中心的战略目标执行效率与效果的管理控制信息。具体包括：**一是**核心指标执行情况，即企业各部门核心指标执行结果的相关信息；**二是**落实可持续发展战略指标执行情况，即企业各部门落实可持续发展战略指标执行结果的相关信息。

（4）环境管理控制评价报告。

环境管理控制评价报告为环境管理控制评价活动提供有效的决策信息，为实现环境管理控制系统目标提供可靠的支撑。环境管理控制评价报告应当根据管理控制标准选择管理控制执行活动，以经营业绩评价活动为基础，形成衡量各个经营中心的价值创造能力、风险管理控制与持续发展能力的经营业绩评价报告，从而分析差异、确定业务原因。具体包括以下方面。**一是**核心指标的执行情况，即各部门的核心指标执行情况与评价标准之间差异分析的相关信息。**二是**落实可持续发展战略指标的执行情况，即各部门落实可持续发展战略指标执行情况与评价标准之间差异分析的相关信息。**三是**相关差异的原因，即反映企业各部门产生上述环境管理控制指标执行情况与标准之间差异的原因。

（5）环境管理控制激励报告。

环境管理控制激励报告应当满足企业人事管理部门或薪酬管理委员会

制定的评价管理者薪酬政策和绩效的需要，为激励环境管理控制提供全面的决策信息。具体包括以下方面。**一是**激励主体，即实施薪酬激励的主体。**二是**激励客体，即薪酬方案中可以受益的主体。**三是**薪酬，即薪酬实施主体期望激励客体的行为所实现的激励程度。**四是**薪酬实施因素，即使薪酬受益者工作的因素。此外该报告还包括相关的环境管理会计报表以及报表附注。例如企业经营活动所需要的报表和管理控制所需要的报表等，报表附注指的是企业经营决策和获取管理控制信息所需的各种解释和说明事项。

社会责任报告

随着我国对环境污染、食品安全等问题的日益关注，企业的社会责任问题逐渐得到重视，政府已将其纳入国家的长期发展战略规划中。因此，企业履行社会责任和披露社会责任报告已经势在必行，它将成为企业、社会与环境紧密相连的重要纽带。

2002 年 1 月，我国证监会和国家经济贸易委员会（以下简称"经贸委"）（已于 2003 年撤销）联合发布了《上市公司治理准则》，要求上市公司在追求经济利益的同时，应投入时间和财力承担起对环境保护和社会健康发展的责任。国资委于 2007 年 12 月颁发了《关于中央企业履行社会责任的指导意见》，要求所有中央企业转变思想观念，积极主动地在诚信经营、盈利能力、产品服务、环境保护、技术创新、生产安全、员工保护以及公益慈善等八个方面履行企业的责任和义务。同年银行业监督管理委员会（现已更名为银保监会）发布了《中国银监会办公厅关于加强银行业金融机构社会责任的意见》，鼓励所有银行业金融企业把社会责任纳入企业的日常运营过程中。2008 年 9 月，商务部发布《外资投资企业履行社会责任指导性意见》，鼓励外资投资企业主动地履行社会责任，为和谐社会的构建贡献力量。总体来看，我国出台了多种政策和指导意见，以推动企业承担社会责任。在政府的大力推动下，国内企业披露社会责任报告的数量有了较快的增长。我国有关社会责任报告的相关政策如表 6-3 所示。

表6-3 我国有关社会责任报告的相关政策

政策名称	发布时间	发布机构	适用范围	主要内容
《上市公司治理准则》	2002年1月	证监会和经贸委	全部国内上市公司	要求上市公司在保持公司持续发展、实现股东利益最大化的同时，应关注所在社区的福利、环境保护、公益事业等问题，重视公司的社会责任
《上市公司社会责任指引》	2006年9月25日	深圳证券交易所	在深圳证券交易所上市的公司	上市公司被要求应当承担起职工权益保护，股东和债权人权益保护，供应商、客户及消费者权益保护，环境保护，社区关系和社会公益保护等多方面的责任，鼓励其在发布年报的同时披露社会责任报告
《关于中央企业履行社会责任的指导意见》	2007年12月29日	国资委	中央企业	强调央企履行社会责任要重点把握好八个方面：依法经营诚实守信，提高持续盈利能力，提高产品质量和服务水平，加强资源节约和环境保护，推进自主创新和技术进步，保障生产安全，维护职工合法权益，参与社会公益事业
《中国银监会办公厅关于加强银行业金融机构社会责任的意见》	2007年12月5日	银监会	中国银行业金融机构	银行业金融机构的企业社会责任至少应包括：维护股东合法权益、公平对待所有股东；重视和保护员工的合法权益；诚信经营，维护金融消费者合法权益；反不正当竞争，反商业贿赂，反洗钱，营造良好市场竞争秩序；节约资源，保护和改善自然生态环境；改善社区金融服务，促进社区发展；支持社会公益事业

续表

政策名称	发布时间	发布机构	适用范围	主要内容
《上海证券交易所上市公司环境信息披露指引》	2008年5月14日	上海证券交易所	在上海证券交易所上市的公司	上市公司发生以下与环境保护相关的重大事件，且可能对其股票及衍生品种交易价格产生较大影响的，上市公司应当自该事件发生之日起两日内及时披露事件情况及对公司经营以及利益相关者可能产生的影响。同时，首次提出在年度社会责任报告中披露"每股社会贡献值"
《外资投资企业履行社会责任指导性意见》	2008年9月11日	商务部	外资投资企业	从保障权益、企业诚信、保护环境、构建社会和谐等几个基本方面，原则性地确定了外资投资企业履行社会责任的指导意见
《上交所关于做好上市公司2008年年度报告工作的通知》	2008年12月31日	上海证券交易所	在上海证券交易所上市的公司	在本所上市的"上证公司治理板块"样本公司、发行境外上市外资股的公司及金融类公司，应在2008年年报披露的同时披露公司履行社会责任的报告（以下简称"社会责任报告"），本所鼓励其他有条件的上市公司在2008年年报披露的同时披露社会责任报告
《企业内部控制应用指引第4号——社会责任》	2010年4月26日	财政部、证监会、银监会、保监会、审计署	2011年1月1日起境内外上市的公司实施，2012年1月1日起沪深两市主板上市的公司实施	详细规范了企业在安全生产、产品质量、环境保护与资源节约、促进就业与员工权益保护等多个方面应承担的社会责任，要求企业在内部控制评价报告中详细披露企业履行的社会责任，并聘请事务所出具相应的审计报告

可持续发展报告

在国家产业调整和经济转型的政策背景下，探索可持续发展问题成为企业的重要议程，这对企业处理经济效益、社会责任和环境保护之间的关系提出了更高要求。因此，构建可持续发展视角下的管理会计报告体系成为当今企业发展的内在需求，这对可持续发展管理会计报告的构建具有很强的借鉴意义。

1. 可持续发展报告的基本点和实施机制

1970 年以来，世界环境与发展委员会发表了多篇关于环境与经济协调发展的研究报告和重要文件，目前，可持续发展这一基本思想已被各国所采纳，并加以实施。可持续发展包括两个问题：**一是**环境问题，人类要最大限度地提高对自然资源的综合利用率；**二是**社会问题，要把平衡关系贯穿于每代人与环境的相处当中去。可持续发展要求环境与经济、社会协调实现真正的良性循环，可持续发展是人类社会的一种长期发展关系。可持续发展对于企业而言，主要指企业在追求经济利益时，也要兼顾环境保护与社会和谐，注重企业的长久发展和持续经营，其内涵包括以下三个方面。

（1）经济效益。企业在确保经济效益不断提高的同时，要将企业经济增长控制在环境和资源的可承受范围之内。

（2）环境效益。企业可以通过经济效益的提高来增强企业的综合竞争力，但也要履行社会责任，如保护环境、节能减排等。

（3）社会效益。企业要不断提高对社会的贡献能力，多维度实现可持续发展。

可持续发展的经济、环境和社会三层目标之间存在着一定的相关性，提高企业的经济效益能够促进环境保护和污染治理等，并有助于企业更好地履行社会责任。企业在环境保护和社会责任方面积极履行责任，可以抵偿其环保等方面的成本支出，从而保持企业的可持续盈利能力。

2.可持续发展视角下的管理会计报告

管理会计是会计学的重要分支，利用相关信息可以有效融合企业的业务活动与财务活动，从而参与企业的战略规划和经营决策，为企业内部管理提供有效服务。管理会计会对企业的经营状况和支出效益开展深入分析，服务于企业经营决策、战略规划、业绩评价等方面，有利于经济和社会的发展。当管理会计与可持续发展相互结合，便赋予了管理会计报告新的内涵。可持续发展视角下的管理会计报告将环境和社会问题纳入报告范围，使企业在进行经营决策时综合经济、环境和社会的需求，并全面反映三者的平衡关系。在企业进行绩效评价时，从企业可持续发展要求出发，将环境保护和社会责任履行等方面的综合性指标纳入管理会计报告内容范围，为企业提供全方面的决策信息支持。

ESG 报告

1.ESG 报告概念的产生

价值创造是企业的初心和使命，可持续发展是企业的愿景和目标。企业的可持续发展不仅取决于企业自身的经营，也取决于企业经营派生的社会成本效益。企业用于评价成本效益的财务报告经过数十年的发展日益完善，但用于评价企业经营的社会成本效益的报告体系仍处于探索阶段，这将导致企业现行的报告不能客观、全面地反映企业经营的内外部效益，造成信息使用者较难评估企业可持续发展的机遇和风险。为此，学术界和实物界不断地探索破解之道，ESG（Environment，环境；Social，社会；and Governance，治理）脱颖而出。

2.ESG 报告的发展历程

随着全社会对 ESG 认可度的不断提升，ESG 报告发展逐渐从区域性倡议阶段过渡到国际性合作阶段。2004 年时任联合国秘书长科菲·安南发起ESG 倡议，讨论如何在投资活动中融入 ESG 因素。2005 年，艾沃蕊·凯诺普（Ivo Knoepel）执笔完成了《谁在乎谁赢》的研究报告，首次提出了

ESG 概念。2006 年，联合国基于《谁在乎谁赢》和《佛瑞希菲尔德报告》的研究成果，发布了负责任投资原则。2017 年，140 家世界著名跨国公司和金融机构表示赞同和支持联合国可持续发展目标，2020 年世界经济论坛发布《迈向共同且一致指标体系的可持续价值创造报告》白皮书，提出了四支柱的报告框架。2019 年，欧盟委员会发布《欧盟绿色协议》，用来应对气候变化、推动可持续发展，同时确立了 2050 年欧洲将成为"碳中和"地区，并制定了具体的实施路线图和政策框架。

我国政府十分重视环境保护工作，倡导包括绿色发展和可持续发展在内的高质量发展模式。2020 年 9 月，第七十五届联合国大会上宣布，我国力争在 2030 年前实现碳达峰，在 2060 年前实现碳中和。2021 年碳达峰碳中和工作领导小组成立，并制定了碳达峰碳中和的路线图和时间表。"双碳"目标的确立和实施路线图的制定，为我国的 ESG 报告和可持续发展报告注入强大的发展动力，ESG 报告迎来了重大的改革发展机遇期。

3.ESG 报告的发展与展望

毕马威可持续发展调查报告指出，截至 2011 年，我国前 100 强公司中的 78 家发布了可持续发展报告。2020 年，1 129 家 A 股上市公司披露了 ESG 报告或 CSR（企业社会责任）报告，约占全部 A 股上市公司的 27%。我国证监会在 2021 年发布了修订年度报告内容与格式的征求意见稿，其中要求重点排污企业披露具体的排污信息、防污染设施的建设以及运行情况、建设项目环境影响评价等信息，并且要披露因环境问题受到的行政处罚。可以预见，我国的 ESG 报告将进入快速发展阶段。

ESG 报告不断深入人心，从善向善的氛围日益浓厚，财税、金融、会计等领域将评估企业可持续发展的机遇与风险当作重要议题。我国的 ESG 报告或可持续发展报告准则也要不断地与国际可持续发展报告准则实现趋同，因此，会计学术界和实务界有必要根据国内外形势的变化，结合全国碳排放交易市场的正式上线交易，加强对 ESG 报告或可持续发展报告相关理论和实际问题的研究，推动我国出台与环境和气候变化相关的会计规范。

＜经典案例＞

经营会计报表助力业绩提升

实施管理会计，创新"一图一卡两表一会"管理模式，打造高执行力团队

东阿阿胶以"阿胶＋"战略和"向世界一流企业迈进"目标为引领，融合国际先进管理经验与公司发展实际，独创具有东阿阿胶特色的管理模式——"一图一卡两表一会"，如图6-1所示。这种管理模式将战略转变为简单、明确、具体、量化的行动计划和目标，大幅提升战略执行力与协同效率，有力地支撑公司经营目标达成。

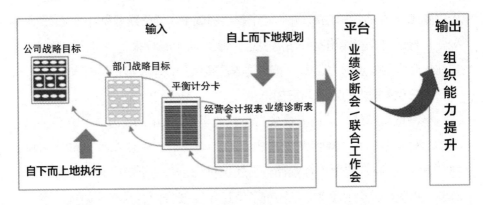

图6-1 "一图一卡两表一会"管理模式

"一图一卡两表一会"，有方法、有工具、有机制，全面系统覆盖到每个经营管理单元与个人，是国际先进管理经验与东阿阿胶管理实践的有机融合。该管理模式的要点如下。

用"一图"（战略地图）、"一卡"（平衡计分卡）来描述和衡量战略，高管带队、形成共识、战略解码、层层分解，通过战略的结构化描述与目标制定，将战略变为各业务板块、部门开展工作的指引。

用"两表"（业绩诊断表、经营会计报表）来管理战略，各业务模块负责人、中高层每人一张业绩诊断表和经营会计报表，选取3~5项关键绩效指标，每个小经营单元每月开展业绩诊断分析。关键绩效指标确定后签订目标责任书，实施活力曲线管理。用业绩诊断会/联合工作会来提升内外协同，发现问题、剖析原因、现场决策。每位经理人每年必须做到参加36次业绩诊断会，提高内部协同效率。

用"一会"（业绩诊断会/联合工作会）与客户进行生意回顾，增强价值认同，并以此作为知识输出，取得客户配合和支持。

"一图一卡两表一会"，大幅提升了公司战略理解能力与执行能力，提高了公司内外协同意识与效率，支撑了公司年度经营目标达成。目标达成率显著提升：2016年东阿阿胶24个战略目标，完成率100%，同比提升5个百分点；35个衡量指标，完成率100%，同比提升7个百分点。内外协同效果显著：各层级召开业绩诊断会144场次，跟踪协同事项945项，完成率98%，较2015年提升11个百分点；与九州通、华润商业、湖南益丰、云南一心堂等外部客户召开联合工作会，每月进行生意回顾，2016年连锁协议目标完成率达107%，同比增长39.5%。

借鉴"理念＋算盘"经营理念，创新经营会计报表

东阿阿胶以"阿胶＋"战略为引领，以提升基层经营单元价值创造能力为中心，融合"理念＋算盘"理念与公司发展实际，独创具有东阿阿胶特色的经营管理工具——经营会计报表。它将专业性较强的财务报表转化为简洁、易懂的经营会计报表，全面分解覆盖到了每个经营管理单元与个人，有效提升了基层员工的经营意识与价值创造能力，有力支撑了公司经营目标达成。

正如前文所述，经营会计报表是支撑公司科学决策的重要基础，是培养经营人才的重要工具。东阿阿胶致力于围绕价值创造，创建涵盖营销、生产、采购等的经营会计报表体系，全面提升基层经营单元的业务运营水平、效率和能力，推进经营目标达成；培养"懂运营，会管理"的职业经理人团队，从经营的角度系统布局及筹划。

东阿阿胶用经营会计报表支撑经营决策，通过数据分析做出更好的、利润更高的决策，选择盈利高、增长快的客户、渠道和产品，开展高回报、高效

率的业务活动与模式。用经营会计报表引导资源配置，根据经营决策，确定内部资金、人员、资产的配置，实现经营单元价值最大化。用经营会计报表提升经营效率，根据指标评价与反馈，引导各经营单元主动改进业务活动，提升价值创造能力和经营效率。

东阿阿胶构建从分管副总到终端经理、生产班组等基层员工的经营会计报表体系，既提出经营目标，提供实施路径，也配套过程管理与反馈评价机制，形成一套完整、可操作的管理工具。

经营会计报表让东阿阿胶既提高了运营质量，又收获了经营人才。运营指标显著提升：销售毛利提升 2.35 个百分点，控制生产成本费用率下降 2.1 个百分点，销售费用率下降 2.01 个百分点。另外，生产劳效提高了 23.09 个百分点，人均单产提高了 20.3 个百分点，成本费用利润率提升创造直接效益 590 万元。基层经营管理能力显著提升，"理念＋算盘"的理念，锻炼培养了经营管理人才。

1. 确立项目目标

（1）应用落实"一图一卡两表一会"，实现战略目标量化分解及过程管理。

（2）以财务报表为基础，建立经济指标和运营指标评价标准，开展经营绩效分析，促进业绩持续提升和经营及管理人才的培养。提供有效工具，助力业务发展与科学决策。

（3）将专业性较强的财务报表转化为简洁、易懂的经营会计报表，为各级管理提供支持。

2. 明确、宣讲经营会计报表的内涵与意义

公司经营成功需要以下要素：正确的经营思想、系统落地的工具方法、适用的机制和持续的执行，如图 6-2 所示。

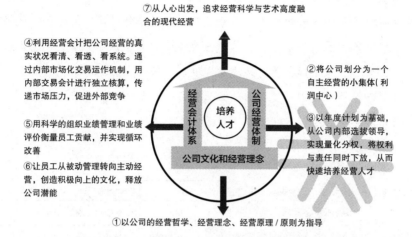

⑦从人心出发，追求经营科学与艺术高度融合的现代经营

④利用经营会计把公司经营的真实状况看清、看透、看系统。通过内部市场化交易运作机制，用内部交易会计进行独立核算，传递市场压力，促进外部竞争

②将公司划分为一个自主经营的小集体（利润中心）

⑤用科学的组织业绩管理和业绩评价衡量员工贡献，并实现循环改善

③以年度计划为基础，从公司内部选拔领导，实现量化分权，将权利与责任同时下放，从而快速培养经营人才

⑥让员工从被动管理转向主动经营，创造积极向上的文化，释放公司潜能

经营会计体系　公司经营体制　培养人才　公司文化和经营理念

①以公司的经营哲学、经营理念、经营原理/原则为指导

图6-2　经营会计报表与经营理念的关系

（1）经营会计报表的用途是让经营者聚焦战略目标，及时了解公司经营状况，并做出适当决策，最终实现增加公司收益、完成年度预算计划和长期战略目标的目的。经营会计报表的本质原则是指导经营，不在于理论的专业性，而在于理念的先进性和实用性。使用者不需要掌握专业的财务管理知识即可掌握经营会计报表，其不同于财务报表是针对外部投资者、银行、税务机关等的。

（2）在管理体制上，划小核算单位和利润主体：生产板块由制造部管理三个生产分厂；营销板块分为OTC大区（下分七大区、63个办事处）、医院部；重点采购板块分为国内供应商、海外进口、内部直购三条线；子公司依据经营会计报表的理念，根据各自经营特点再进行细分，并且选拔出经营负责人。

（3）公司结合公司战略，下发年度预算计划，以年度计划为基础，通过授权、分权方式，由各核算单位的经营负责人根据年度预算制定年度计划、工作措施、组织经营，并在事前给予指导、事中给予绩效管理、事后给予绩效分析和评价。

（4）设计逻辑关系，将财务和业务关联，用经营会计的思维把公司实际经营情况看清、看透、看系统，通过数字发现背后的本质业务和动因。经营会计报表是通过公司的第一手业务数据，根据公司特点进行个性化编制的，具有简单、易用、易懂、直达经营的特点，向经营者全面反映经营的实际状态，为经营者正确、及时地决策提供有效保障。加之信息化的配合，经营者通过经营会计报表可随时随地掌握公司的经营数据。经营会计报表与经营、管理的关系如图6-3所示。

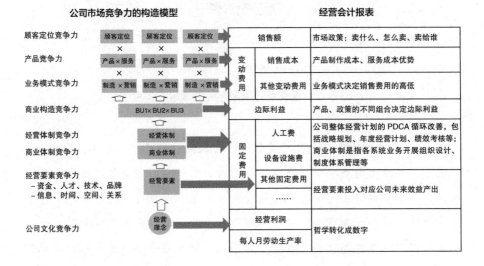

图6-3　经营会计报表与经营、管理的关系

（5）经营者通过经营会计报表的逻辑、数据看清楚公司经营的问题，通过平时进行自我分析，结合业绩诊断会方式，自行拿出解决方案，实现循环改善，达到业绩提高。经营会计报表的科目和传统财务报表的科目有着较大区别。例如：传统财务报表中人力资源被当作成本来看，工资、培训、福利、保险，均被看作成本；在经营会计报表中，人被当作资本看待，看成公司发展的资本，优秀员工被看作优秀的资源，可以为公司带来更多的价值，而不能为公司带来增值的员工则可能面临淘汰。

（6）经营者、员工变被动管理者为主动思考、主动创造的经营者，他们主动参与管理，实现了公司经营业绩的提高，创造了价值，促进了业绩改善和提升。

（7）卓越始于理念、成功始于方法。对于会计的理解，可以比喻如下：如果把经营比作驾驶飞机，会计数据则相当于驾驶舱仪表盘的数据，机长相当于经营者，飞行中仪表盘必须时刻将飞机的高度、速度、方向等准确告诉机长，如果没有仪表盘，机长就不知道飞机的位置，就无法驾驶飞机。经营会计报表就像及时反馈数据的仪表盘，将经营会计报表有效运用到公司经营中，公司实现了高效、稳健经营，实现了现代化管理。

3. 经营会计报表促业绩提高的主要做法

公司将"一图一卡两表一会"作为重要的管理体系和工具，经营会计报表将业务和财务结合，成为达成业绩目标的一大法宝。

为促进该项目落地，公司成立项目组，总裁为项目发起人，高级副总裁担任项目组长，财务总监任执行组长，总裁、高级副总裁为项目评价人，在组织上给予保障。

公司专门由运营会计部制定并下发《经营会计报表与业绩改善管理办法》落实各部门职责，保证该工具长期有效应用。

结合公司战略目标，项目组与营销、人力、采购、生产相结合，多次召开项目例会，到现场调研，了解实际经营情况、财务需求，沟通推进工作开展的步骤。通过长达两个月的内外部调研，项目组初步确定了经营会计报表的结构，并且下发《经营会计报表与业绩改善管理办法》，通过项目组努力、凝聚各部门智慧，形成了以营销、生产、驴皮采购、子公司为主体的经营会计报表总体架构。

所有信息聚焦公司关键指标，层层延伸，可以下钻到个人、产品、终端及客户，可逐一对应不同层级报表，全面反映各层级、各维度经营指标、市场指标、管理指标、投入产出和价值创造等指标，实现预算对比、历史对比、标杆对比，指导业务系统操作和应用，满足公司各层级管理和决策需要。

营销：横向至营销系统、大区、办事处、终端经理，纵向至各产品。

生产：横向至大制造部、生产车间，纵向至各产品、关键工段、关键耗皮量。

驴皮采购：横向至国内、国外、直购，纵向至各级业务员。

子公司：横向至区域、业务线，纵向至个人。

4. 举例

（1）以营销板块为例，特点如下。

①根据业务特点，搭建营销整体、OTC大区、各大区办事处、保健品、阿华生物、海外销售、高端事业部等七个管理组织和经营主体，实现了解产品、办事处终端经理、人均单产等指标。

②根据不同层级的管理要求，开发出不同层级关注的报表，并且将财务和非财务类的管理指标融入一张表，进行标杆管理、业绩评价。营销大区结构。

③对关键指标进行综合排名，让各板块、办事处、终端经理清楚了解自己的位置，自己查找原因和不足，制定措施办法进行改进，同时促进公司层面进行资源配置的倾斜与平衡。

④关键指标层层钻取，挖掘形成业绩差异的关键动因，通过内外比较，形成有效措施，促进业绩提高。

（2）以生产制造为例，特点如下。

①根据战略成本管理、精益管理要求，整合各系统数据和信息，完成生产成本经营会计报表信息系统开发，为生产成本精益管理提供有效支撑，促进生产成本管理的效益提升。设计总裁、副总裁、大制造部总经理、分厂厂长、各工段长一人一表，实现信息自动提取和报表组合。

②关键数据层层分析，直达关键动因。

③及时掌握关键产品的成本趋势，及时掌控指标变化，合理配置资源。

④将影响成本的关键因素下发到班组，让每个班组横向对比，形成比、学、赶、帮、超的竞赛氛围。

⑤将劳效提升评价汇报到班组批次，挖掘生产劳效提升潜力。

生产经营会计报表框架与效果如图6-4所示。

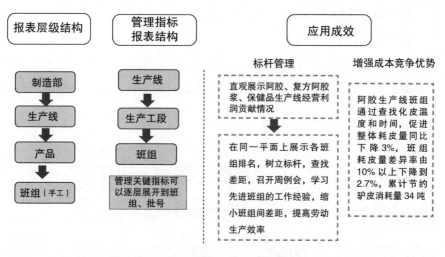

图6-4 生产经营会计报表框架与效果

（3）以子公司为例，特点如下。

根据实际业务，按照总体报表结构，区分不同业态、不同业务单元的特点，结合预算管理、业绩考核，细致推广，促进业绩提升。子公司经营会计报表结构逻辑与效果如图6-5所示。

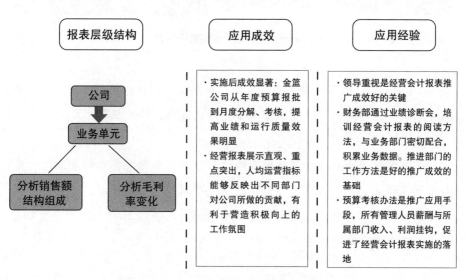

图6-5 子公司经营会计报表结构逻辑与效果

管理会计工具的运用

1. 战略预算管理

（1）为有效发挥管理会计作用，公司自 2011 年开始推进实施战略预算管理，将预算细化为发展预算、竞争预算、职能预算三大维度，支撑战略落地。预算管理框架与职责如图 6-6 所示。

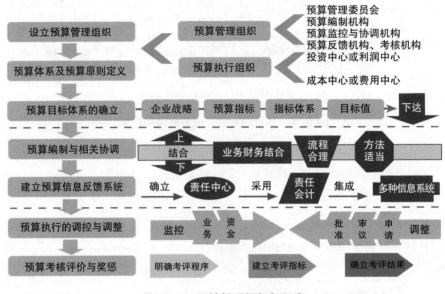

图 6-6　预算管理框架与职责

（2）公司在各项战略预算基础上，结合公司销售政策、供应商结算政策等，编制、确定公司年度现金流量战略预算表，作为日常生产经营管理与控制的依据。

每月编制资金计划，以年度战略预算为编制依据和审查标准，做到无年度预算资金、无追加预算、无审批手续不列入月资金计划，资金支出控制在资金计划内，保证公司资金的安全、高效，资金计划执行率达到 97%以上。资金管理结构如图 6-7 所示。

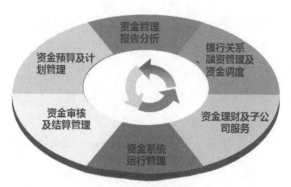

图 6-7　资金管理结构

（3）开展战略成本管理，制定成本费用规划方案，引导全员参与成本、费用管理过程；梳理规划价值链成本管理体系，建立战略成本预算管理分析评价模型，及时识别重点成本费用动因并预判对公司战略执行的影响；定期进行预警及采取改进措施，有效规划控制和降低成本。

2. 战略地图、平衡计分卡

随着经济的增长和市场的改变，管理方法有所改变。公司 2015 年开始导入战略地图、平衡计分卡等管理工具，用战略地图描述战略，用平衡计分卡衡量战略，用战略中心型组织管理战略，支持公司快速发展。

"一图一卡"，发挥了以下价值。

（1）高层用以评估、跟踪战略执行情况，并在此基础上对现有战略作出决策。

（2）沟通战略的工具，并可及时发现执行中出现的问题并加以改进。

（3）提高下属各业务单位和支持部门的战略关注集中度，并创造部门间的协同效应。

（4）部门、个人绩效结果可用于员工激励、奖金发放的依据。

（5）成为公司战略管理核心平台，公司借此可以将战略执行培养成公司的核心竞争力。

3. 财务共享中心

2016 年，为实现财务处理合规高效，为"十三五"发展奠定基础，公司搭建财务共享平台，实现业财一体化。完成财务共享中心规划建设，完成股份公司、保健品等5家公司费控系统的上线，并对统一认证系统、BPM（业务流程管理）系统、预算系统、法务合同系统、费控系统、影像系统、共享平台等系统进行集成，实现300余项流程优化，最终实现了六个"统一"，即统一标准、统一付款、统一核算、统一报账、统一管理、统一报告。公司通过建立财务共享中心，能更加清晰地区分核算职能与管理职能，通过梳理、优化流程，直接穿透业务，更有效实现财务管理职能的转型，让更多的人员解放出来以深入业务，为业务提供服务和支持。财务共享中心六个"统一"如图6-8所示。

图6-8　财务共享中心六个"统一"

公司通过搭建财务共享平台，有效打通了预算、核算、税务、业务、合同等系统，真正将业务信息和财务信息实现共享，实现了业务与财务的有效融合，提高了效率。财务共享系统与其他系统对接如图6-9所示。

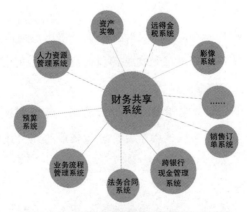

图6-9　财务共享系统与其他系统对接

信息化建设与应用情况

2001 年，公司实施了企业资源计划、办公自动化等信息化建设项目，积极利用现代化管理技术和方法，推进公司管理现代化和信息一体化的建设，接轨国际惯例。2011 年起全面建设基于 Oracle 的信息化支撑平台，主要有 EBS（E-Business Suit，电子商务套件）、预算、费控、Siebel、BI、会员忠诚度管理、二维码、移动终端拜访等项目，充分发挥数据挖掘分析优势，进行信息管控，提升公司核心竞争力。先后引入多个系统并集成，实现了以财务和绩效管理为中心，物流、信息流、资金流的高度一致，实现了产、供、销一体化的信息化管理。公司的各项业务工作，如品牌管理、营销管理、采购管理、质量管理、质量检验、全面风险管理、财务管理等实现了在一个相互兼容的大数据平台、大测量系统下的全面整合，减少了重复工作和部门壁垒，降低了运营成本和管理成本，提高了工作效率。

财务信息化方面，以 Oracle 的 ERP 为核心，对接预算、实物管理、费控管理、应收、应付等系统，形成财务管理的基础平台，该平台将公司的办公、业务、法务系统进行无缝连接，有效实现业财融合。

财务共享平台与业务系统功能如图 6-10 所示。

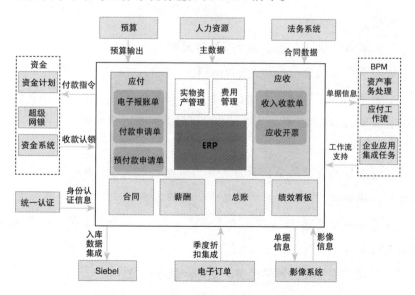

图 6-10　财务共享平台与业务系统功能

管理会计报告

（1）根据各板块不同情况，调研实际需求，设计报告模板。管理会计报告在设计时自动在BI、费控等业务系统抓取数据，直达业务，这些数据区别于财务分析的数据，更有利于业务人员理解。

（2）结合使用人的需求，营销大区实现了每月通过办公系统按时发送财务报告，各层级人员通过指标完成、排名情况等分析差距，再通过业绩诊断会进行动因分析、制订措施，实现动态跟踪，如图6-11所示。

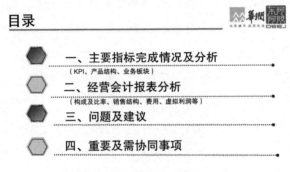

图6-11　管理会计报告目录

总结

1. 公司管理会计人才培训与培育情况

公司高度重视管理会计人才的培养、培训，先后安排骨干人员到中欧国际管理学院、上海财经大学、高顿教育等参加财务管理培训，公司现有中级会计师22名、高级会计师5名、国际财务管理师8名，在国内刊物发表财务管理相关论文20余篇。

经过管理会计两年多的推进，员工通过主动执行，用管理者思维考虑问题、解决问题，成为有效的行动者，目前已经培养了办事处经理人才26人、营销办事处经理35岁以下人员占比达50%，有效支撑了目标实现和公司未来的发展。

2. 公司实施管理会计的经济、生态和社会效益

（1）公司收获了大批跨部门协同能力强的项目管理人才。

第一，项目管理分成了营销、生产、采购、子公司等模块分别推进，推进中各项目分别成立子项目组，列明项目目标、里程碑、项目章程等要素，锻炼了大批跨部门沟通能力强的项目管理人才。第二，项目管理人才根据项目管理的表现、能力、经验，分别作为公司各个板块的关键人才。

（2）通过该项目开展，公司业绩快速提升，实现"十二五"完美收官。公司 2015 年实现收入 55 亿元，同比增长 35%，净利润 16.4 亿元，同比增长 20%，实现"十二五"完美收官。公司通过生产经营会计报表构建的经营会计报表平台，有效控制生产成本费用率下降 2.1%，销售费用率下降 2.01%，促进生产劳效提高 23.09%，人均单产提高 20.3%，保障了公司年度生产任务按时完成。

3. 改进建议

构建实施经营会计报表，不仅给公司带来了经济效益，同时使管理体系得到了提升，促进了公司的健康、可持续发展。该实践仍需要不断地完善和优化，以实现支持业务发展与科学决策。

管理会计的实施与应用是一个长期过程，对其的建议如下。

第一，管理会计的实施目标是助力企业发展、助力业务成功、创造股东价值，所以需要社会、政府、企事业单位重视财务管理人员的重要性，并且改变传统观念，培养企业领导人管理会计意识。

第二，目前管理会计方面体系化的工具与培训较少，培训尚未普及，建议企业开展系统化的培训，发挥管理会计的价值。

＜问题讨论＞

管理会计在信息化应用方面无相关成熟经验，如何在这个方面设立攻关项目，形成最佳实践，指导企业应用？（可基于东阿阿胶实践展开进一步设想或规划）

后记

▼
▼

扫码即可观看
管理会计报告附录文字内容
与微视频课程

　　IMA 管理会计能力提升与企业高质量发展系列图书，第一期八本，本书是最后完成的。我们构思本书框架，经历了"提出—否定—再提出—再否定"的反复过程。即使框架基本明确以后，章节结构仍然一改再改。之所以如此，是因为迄今为止，中外管理会计教科书几乎都缺少对管理会计报告单独成章的讨论，专业和学术研究文献也很少论及。近年来在各种专业研讨会、论坛上，学术界和实务界同人都认为这是一个应该和值得专门开发的新领域。

　　财务会计通过财务报告信息服务外部投资人，会计循环、会计方法和专业规范都已经很成熟。相比之下，管理会计服务和支持管理者，在报告信息体系方面一直缺位。固然，管理会计报告的内部属性决定了其企业应用的个性化，但企业管理总还是存在普遍性问题。

　　我们在进行企业调研时发现，在管理会计报告方面，实践是走在理论前面的。尤其伴随着信息技术和管理信息系统的开发应用和改进升级，企业的运营管理更加数字化，已经有一部分企业尝试设计管理会计报告和报表，运用于生产管理和运营管理，让企业管理的信息支持体系日益丰富。

　　本书的体系设计和内容，尚具探索性，也存在不足和缺陷。我们期待读者的反馈，包括批评和建议。我们也将继续深入企业管理调研，继续充实和精炼本书内容。

　　本书作为一个新领域的引玉之砖，希望引致更多的关注和讨论。

作者
2022 年冬
于北京、济南